Das Hobby

Geocaching

Die faszinierende Welt der versteckten Dosen

Danke an meine Frau die dieses verrückte Hobby mit mir teilt

Timo Kohlbacher

Das Hobby

Geocaching

Die faszinierende Welt der versteckten Dosen

Bibliografische Information der Deutschen Nationalbibliothek

Die Deutsche Nationalbibliothek verzeichnet diese Publikation in der Deutschen Nationalbibliografie; detaillierte bibliografische Daten sind im Internet über www.dnb.de abrufbar.

Herstellung und Verlag: BoD – Books on Demand, Norderstedt

ISBN 978-3-7322-4314-3

Inhaltsverzeichnis:

Einleitung 7

Über den Autor 7

Die graue Theorie… **8**

Eine kleine Geschichte des GPS.......................................9

Geocaching.com...11

Opencaching.de 12

Geocaching...12

Ausrüstung **23**

GPS-Empfänger 24

Schreibwerkzeug..25

EGA/ECGA 26

Spezial-Ausrüstung..29

Normales Outdoor-Equipment.......................................29

Caches finden… **30**

Die Auswahl des Caches..31

Welcher soll es denn sein?..34

Vorbereitung..34

Verhalten in der Natur 37

Verhalten in der Stadt 38

Los geht's! 40

Wieder zuhause 47

Käfer und Münzen auf der Reise **50**

Travel-Bugs...51

Geocoins 56

Travel Tags 59

Weitere Trackables 59

Caches selbst verstecken...**60**

Richtlinien 61

Der Ort 62

Der Cache-Behälter 63

Cache vorbereiten..64

Das Verstecken...66

Das Ausmessen der Koordinaten 67

Das Listing 68

Nacharbeit..69

Geocaching Slang **72**

Rätsel und Mysterien **81**

Lösung überprüfen...82

Das Frage-Rätsel..82

Das versteckte Rätsel 83

Das Code-Rätsel 84

Codes 84

Über den Tellerrand **93**

Andere GPS basierte Spiele..94

Einleitung

In diesem Buch möchte Ich Ihnen das wundervolle Hobby Geocaching näherbringen. Das Besondere an diesem Hobby ist die Verknüpfung von High-Tech mit dem Aufenthalt in der freien Natur. Dadurch ist es die ideale Tätigkeit für die ganze Familie.

Über den Autor

Ich betreibe Geocaching nun seit über 10 Jahren. Nachdem ich 2002 zum ersten Mal von dieser interessanten Sache gehört habe, musste ich mir sofort einen GPS-Empfänger besorgen und die High-Tech Schnitzeljagd ausprobieren. Ich war sofort fasziniert. Es ist einfach eine tolle Mischung aus High-Tech, dem Kind im Erwachsenen (Schatzsuche) und dem Aufenthalt in der freien Natur. In den letzten Jahren habe ich zusammen mit meiner Frau viele Orte und Länder bereist, die wir dann auch mit Hilfe von Geocaching zusammen entdeckt haben. Bis heute hat das Hobby bei mir nichts seiner Faszination eingebüßt.

Die graue Theorie...

Ein bisschen Lernen muss auch sein....

Eine kleine Geschichte des GPS

Bevor wir uns anschauen was man mit GPS-Empfängern alles anstellen kann, sollten wir uns erst klar machen was denn eigentlichen die Grundlage von all dem ist. Das Global-Positioning-System.

Auf die technischen Details möchte ich nicht tief eingehen, weil es den Rahmen dieses Buchs sprengen würde, aber so viel sei gesagt:

Das GPS-System besteht aus mehr als 2 Dutzend Satelliten die alle ein bestimmtes Signal aussenden. Durch das Messen der Zeit, die das Signal vom Satelliten zum Empfänger benötigt, sowie die Position des Satelliten, lässt sich dessen Entfernung ziemlich genau messen. Macht man dies nun mit 3-4 Satelliten, lässt sich durch Triangulierung die genaue Position (3-10 Meter Genauigkeit) errechnen.

Stellt Euch einfach vor, Ihr hättet 3 Punkte auf einem Blatt Papier: Die Satelliten. Wenn Ihr nun mit dem Zirkel einen Kreis um jeweils einen Punkt malen, dessen Radius der gemessenen Entfernung entspricht, dann werden sich die 3 Kreise in genau einem Punkt schneiden. Dieser ist dann die Position. Wenn Ihr nur 2 Satelliten mit 2 Kreisen habt, habt Ihr 2 Schnittpunkte, und könnt somit die Position nicht genau bestimmen... es könnten beide sein, deswegen ist für eine erfolgreiche Positions-Erkennung, ein sogenannter Fix, immer der Kontakt mit mind. drei Satelliten notwendig. Mindestens 4 Satelliten müssen es sein, wenn auch die Höhe bestimmt werden soll.

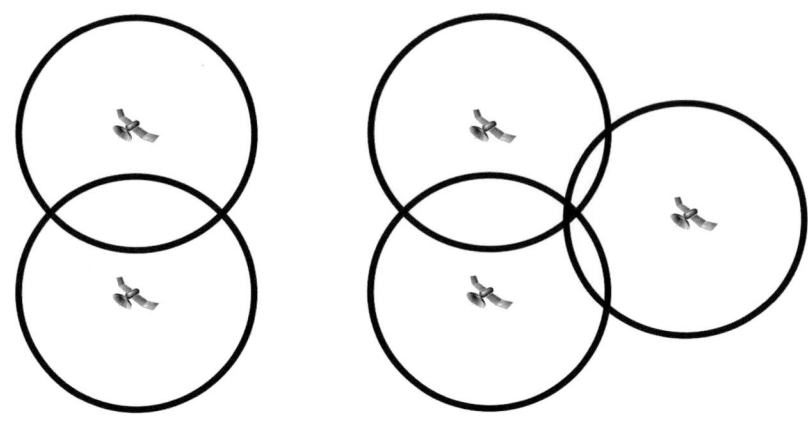

Links: 2 mögliche Schnittpunkte, Rechts: nur ein möglicher Schnittpunkt

Heute nutzen wir dieses System wie selbstverständlich, in den Navigationssystemen unserer Autos, in unseren Handys und Smartphone und einigen Dingen mehr. Doch das war nicht immer so!

Als 1995 das vom amerikanischen Verteidigungsministerium entwickelte System in den Regelbetrieb ging, war das Signal welches frei empfangbar war (es gibt auch noch ein weiteres verschlüsseltes militärisches Signal), absichtlich künstlich gestört, so dass im zivilen Betrieb nur Genauigkeiten von 100-150 Meter möglich waren. Diese Maßnahme nannte sich „Selective Availibility" und hatte natürlich militärische Gründe. Man wollte verhindern, dass sich Feinde die Technik selbst zu Nutze machen konnten. Für die meisten Anwendungszwecke war also GPS damals einfach zu ungenau.

Aus diesem Grund haben GPS-Empfänger im zivilen Bereich noch keine große Rolle gespielt.

Das änderte sich schlagartig, als die Amerikaner Mitte 2000 sich entschieden die Selective Availibility abzuschalten, und das System so für die Allgemeinheit zu öffnen. Damit begann der Boom für private GPS-Empfänger.

Nur einen Tag nachdem die Selective Availibility abgeschaltet war kam der Amerikaner Dave Ulmer auf die Idee, einen Behälter mit diversem Inhalt zu vergraben, und die Koordinaten dieses „Schatzes" im Internet zu veröffentlichen. Der Grundstein für das Geocaching war gelegt.

Geocaching.com

Von der Idee angetan, folgten einige Andere diesem Beispiel, und versteckten weitere „Schätze". Um die Auflistungen der Koordinaten zusammenzufassen, sammelte Mike Teague alle Versteck-Koordinaten die er finden konnte ein, und stellte Sie auf seine private Homepage. Es wurde eine Mailingliste angelegt, um sich über das Hobby auszutauschen. Dort einigte man sich auch auf den Namen „Geocaching", zusammengesetzt aus Geo=Erde und Cache=Versteck

Jeremy Irish, ein amerikanischer Web-Entwickler, stolperte über Mike Teagues Internet-Seite und war davon so angetan, dass er sich gleich ein GPS-Gerät kaufte, um die Sache auszuprobieren. Begeistert davon machte er sich ans Werk, und programmierte die Seite www.geocaching.com.

Diese sollte den Geocachern eine Plattform bieten um Koordinaten zu veröffentlichen und Hilfsmittel bieten um bereits versteckte Caches zu suchen. Von Mike Teague, der aus Zeitgründen seine Homepage nicht weiter pflegen konnte, übernahm er den bisherigen Datenbestand, und konnte so am 2.September 2000 www.geocaching.com mit ganzen 75 Caches starten.

Ende 2000 gründete Irish zusammen mit zwei Partnern dann die Firma Groundspeak Inc. um die Webseite weiterzuführen.

Mittlerweile ist geocaching.com das größte und meistgenutzte Cache-Verzeichnis der Welt und listet, zum Zeitpunkt während ich dieses Buch schreibe über 2 Millionen Caches weltweit. Davon ca. 180.000 in Deutschland.

Opencaching.de

Weil einigen Cachern, der kommerzielle Gedanke, und die Regeln bei Geocaching.com nicht gefielen, wurde 2005 die offene und unkommerzielle Plattform opencaching.de mit Fokus auf den deutschsprachigen Raum gegründet. Diese freie Plattform hat auch Ihre Reize, da dort Dinge möglich sind, die bei geocaching.com, aufgrund der Regeln, verboten wären. Doch ist die Verbreitung nicht so groß und es sind auch weitaus weniger Caches gelistet.

Es gibt auch noch weitere kleinere Anbieter, die aber alle nicht so eine große globale Verbreitung gefunden haben.

In den weiteren Kapiteln dieses Buchs, wird es deshalb ausschließlich um das Geocaching wie es bei www.geocaching.com betrieben wird gehen.

Geocaching

Was ist Geocaching?

Das ist eigentlich recht einfach. Eine Person (der sogenannte „Owner" versteckt einen Behälter (den sogenannten „Cache"), mit diversen Gegenständen darin. Eventuell bastelt er noch ein Rätsel drum herum und veröffentlicht dann die GPS-Koordinaten im Internet (das sogenannte

Listing). Jeder der mitspielen möchte kann nun danach suchen, und darf sich bei einem erfolgreichen Fund eine Sache aus dem Behälter nehmen, sollte aber dafür auch etwas Neues hineinlegen. Außerdem wird der Erfolgreiche Fund in einem Logbuch, das auch im Behälter liegt, notiert und auch im Internet geloggt.

Das tolle an diesem Hobby ist, das fast jeder seinen Spaß daran haben kann. Der Vater, weil er mit High-Tech rumspielen darf, die Mutter, weil Sie den Vater endlich mal wieder dazu bekommt, mit Ihr spazieren zu gehen, und die Kinder, weil die sowieso Spaß am „Schatz suchen" haben. Der ideale Freizeitspaß für die ganze Familie also. Nicht zu vergessen, der Aufenthalt in der Natur, und das immer wieder neue Entdecken von Orten und Landschaften die man sonst wahrscheinlich nie gefunden hätte.

Beim Geocachen kommt es nicht auf den Inhalt des Caches an, sondern auf den Weg dorthin und das eigentliche Suchen. In den meisten Fällen, ist der Inhalt eher wertloser Plunder, weshalb das Tauschen mittlerweile keinen sehr hohen Stellenwert mehr hat.

Koordinaten

Wie schon gesagt werden beim Geocaching GPS-Koordinaten für die Positionsangaben verwendet. Die Koordinaten werden mit Längen und Breitengraden angegeben. Die Erde wird dazu in ein gedachtes Gitter unterteilt dessen verschiedene Felder jeweils einem Längen und Breitengrad zugeteilt sind. Es Gibt 360 Längengrade. Diese gehen vom 0°-Punkt, der durch Greenwich/England läuft, in östlicher und westlicher Richtung jeweils 180 Grad. Das heißt die Ausdehnung geht von 180 Grad Ost bis 180 Grad West. Osten wird in diesem Umfeld auch öfters mit E für East abgekürzt. Die Breitengrade, also die Ausdehnung nach Nord nach Süd laufen von 90 Grad Süd über den Äquator, der den 0 Grad Punkt angibt hin zum Nordpol bei 90 Grad Nord.

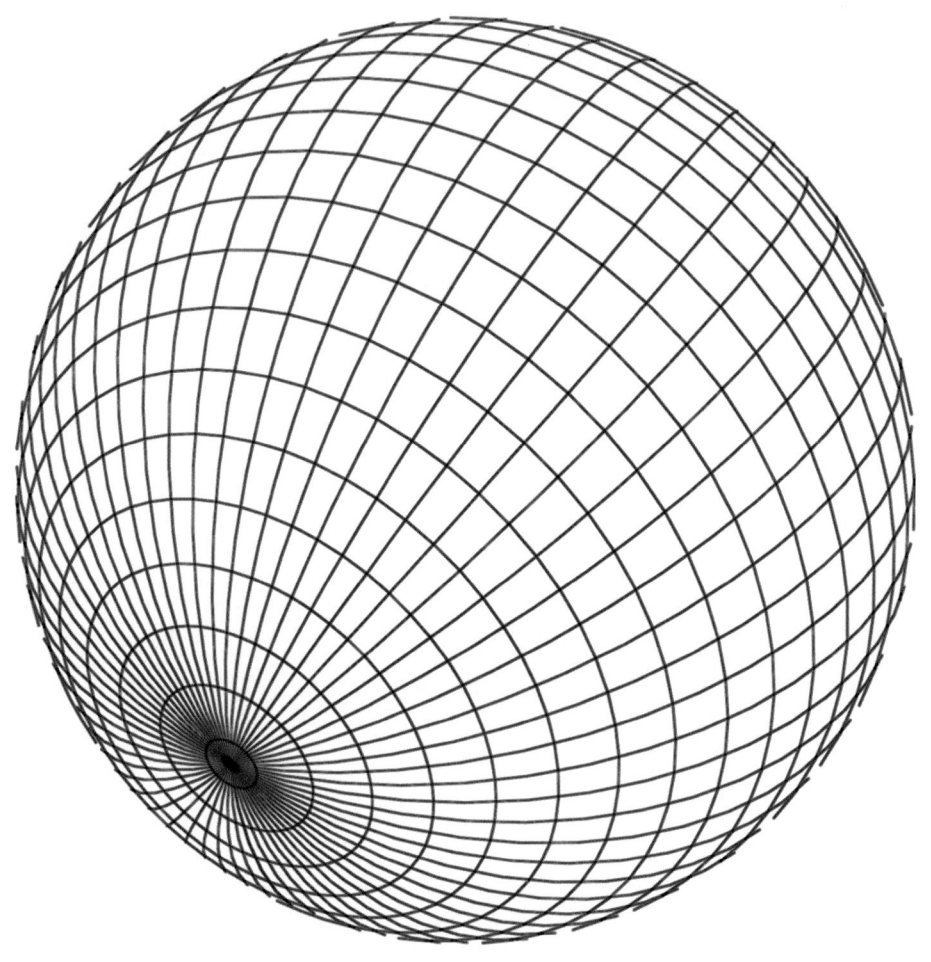

Es gibt verschiedene Arten diese Koordinaten darzustellen. Beispielweise könnte man einen Breiten oder Längengrad einfach in Dezimalstellen unterteilen. Also wäre der Ort genau zwischen dem 8. Und 9. Längengrad bei 8,5.

Eine Koordinate ist diesen Format würde dann zum Beispiel so aussehen (Dies ist ein zufälliger Punkt in der Nähe von Kassel ohne jegliche Bedeutung):

51,388923° N
10.074463° E

Eine andere Möglichkeit ist die Breiten und Längengrade noch einmal in 60 sogenannten Bogenminuten (gekennzeichnet durch ein Hochkomma) und diese nochmal in sogenannte Bogensekunden (gekennzeichnet durch zwei Hochkommas) aufzuteilen. Die Bogensekunden kann man dann noch mittels Dezimalstellen feiner einteilen.

Die oben genannte Koordinate würde dann so aussehen:

51° 23' 20.122'' N (51 Grad, 23 Minuten, 20,122 Sekunden Nord)
10° 4' 28.067'' E (10 Grad, 4 Minuten, 28.076 Sekunden Ost)

Eine weitere Art wäre, die Bogensekunden wegzulassen und stattdessen die Bogenminuten direkt in Dezimalstellen zu unterteilen. Unsere Koordinaten würden dann so aussehen:

51° 23.335' N (51 Grad und 23,335 Minuten Nord)
10° 4.467' E (10 Grad und 4,467 Minuten Ost)

Dies ist auch die gebräuchliche Form der Koordinaten wie sie beim Geocachen verwendet wird.

Neben dem Format der Koordinatendarstellung gibt es auch noch das sogenannte „Kartendatum". Dies ist ein standardisiertes System wie die Längen und Breitengrade auf die nicht perfekte Runde Erde abgebildet werden. Der gebräuchliche Standard ist hier WGS84 (World Geodetic System 1984) Ihr solltet sicherstellen das Euer GPS-Empfänger auf dieses System eingestellt ist.

Welche Arten von Caches gibt es?

Traditional

Der sogenannte „Tradi" ist der ursprünglichste und einfachste aller Cachetypen. Die Dose liegt genau da, wo die Koordinaten hinzeigen. Es müssen keine Rätsel gelöst, und auch keine weiteren Hinweise gesucht werden. Trotzdem können auch Tradis natürlich schwer zu erreichen oder schwer zu finden sein…

Multi-Cache

Beim „Multi" geht die Suche über mehrere Stationen, sogenannte „Stages". An jeder Station müssen Aufgaben erledigt, Rätsel gelöst oder Dinge gefunden und abgelesen werden. Mit den gefundenen Daten, kann man dann die nächste Stage finden.

Oft sind Multis als Rundweg angelegt, so dass man nicht wieder den gleichen Weg zurücklaufen muss.

Die letzte Stage ist der „Final", an dem dann der eigentliche Cache versteckt ist.

Mystery oder Unknown-Cache

Hier müssen die Koordinaten erst durch das Lösen eines mehr oder minderschweren Rätsels herausgefunden werden. Der eigentliche Cache kann, dann ein Tradi oder auch ein Multi sein. Die Koordinaten im Listing zeigen nur auf einen Ort der in der Nähe liegt.

Earthcache

Bei Earthcaches ist keine Dose versteckt. Hier müssen am Ziel lediglich Fragen zur Umgebung beantwortet werden. Dabei geht es immer um einen Ort, der eine besondere geologische Relevanz hat. Also Beispielsweise besondere Steinformationen, Vulkane, oder andere geologische Besonderheiten. Das Lernen steht hierbei im Vordergrund.

Event-Cache

Ein Event ist eine von Cachern ausgerichtete Veranstaltung, bei der sich viele Geocacher treffen, um sich übers Cachen auszutauschen, oder andere gemeinsame Aktivitäten anzugehen. z.B. ein Stammtisch.

Ein Event-Cache hat immer einen bestimmten Zeitpunkt, und wird danach archiviert.

Mega-Event

Das ist einfach ein größeres Event, bei dem mind. 500 Personen mitmachen

Letterbox-Hybrid-Cache

Letterboxing ist ein anderes Suchspiel, bei dem allerdings kein GPS benutzt wird, sondern nur Beschreibungen des Wegs. Der Letterbox-Hybrid verknüpft beide Spiele indem am Ende ein normaler Geocache liegt.

Wherigo

Ein Wherigo, wird mithilfe eine Stücks Software, dass auf einem PocketPC oder kompatiblen GPSr läuft, gespielt. Erreicht man in der Realität bestimmte Zonen, so reagiert das Spiel darauf und man erhält zum Beispiel weitere Hinweise.

CITO

CITO bedeutet: „Cache in, Trash Out". Geocacher sind immer dazu angehalten Mülltüten mit zum Cachen zu nehmen und auf dem Weg gefunden Müll einzusammeln. Im größeren Stil, wird dies dann auf speziellen Events gemacht, wobei zum Beispiel ein ganzes Waldstück gesäubert wird. Dies ist dann ein CITO-Event. Von Groundspeak werden immer mal wieder spezielle CITO-Wochenenden ausgerufen, an denen dann auf der ganzen Welt CITO-Events stattfinden.

Schwierigkeitsgrade

Den Caches werden 2 verschiedene Schwierigkeitsgrade zugewiesen. Der D-Wert (Difficulty) beschreibt die Schwierigkeit, mit der der Cache generell zu finden ist, und der T-Wert (Terrain) beschreibt, wie schwierig der Weg zum Ziel ist.

Ein D1/T1 ist also einfach und problemlos zu finden, wobei ein D5/T5 dem Cacher das äußerste abverlangen kann.

Die genaue Bewertung von Caches ist immer wieder ein heiß diskutiertes Thema... hier eine Liste wie Ich die Wertungen für sinnvoll erachte:

Difficulty:

1 = Der Cache ist schnell und einfach zu finden. Ein durchschnittlicher Geocacher findet ihn quasi sofort oder braucht nur wenige Minuten

2 = Der Cache ist schon etwas besser versteckt. Es gibt mehrere Suchmöglichkeiten, man braucht eventuell Bis zu 30 Minuten um den Cache zu finden.

3 = Der Cache ist extrem gut getarnt. Auch ein erfahrener Cacher wird hier einige Zeit suchen müssen. Eventuell Stunden...

4 = Der Cache ist eine wirkliche Herausforderung und benötigt unter Umständen eine längere Vorbereitung und es dauert eventuell Tage bis man ihn endlich gelöst hat.

5 = Eine echte Herausforderung für Kraft oder Geist. Man braucht Spezialkenntnisse oder Fähigkeiten um den Cache zu meistern.

Terrain:

1 = nur asphaltierte Wege, unter 1km, Normalerweise auch für Rollstuhlfahrer machbar

2 = nicht asphaltiert, aber trotzdem gut befestigte Wege, keine zu großen Steigungen, noch Kinderwagen geeignet, unter 3 km Wegstrecke

3 = Trampelpfade, Weg kann schon recht zugewachsen sein, größere Steigungen möglich, noch für Durchschnitts-Menschen machbar, unter 5km

4 = Hier muss man schon die Hände benutzen, um steile Steigungen zu erklettern oder sich durch den Bewuchs zu schlagen, kann schon recht anspruchsvoll werden, Weg unter 16 km

5 = benötigt Spezialausrüstung, wie ein Boot, Taucherausrüstung, Kletterausrüstung, oder z.B. ein Raumschiff (ja es gibt zum Zeitpunkt dieses Texts einen Geocache auf der International Space Station! Natürlich D5/T5...). Sollte man nur angehen wenn man die nötigen Kenntnisse hat.

An diese Stelle nochmal der Hinweis:

Macht nur das, was Ihr Euch zutraut! Gerade bei T4 und T5-Caches kann ein Absturz unter Umständen starke gesundheitliche Folgen haben oder gar tödlich sein! Ihr seid für Euch selbst verantwortlich und solltet Euch und andere nicht unnötig in Gefahr bringen!

Cache-Behälter-Größen

Nano

Die kleinste Form eines Caches. Besteht meist aus einer ca. 1-2 cm großen Metall Kapsel, die oft auch magnetisch ist. Ist sehr klein und nur schwierig zu finden, lässt sich dafür aber auch umso unauffälliger verstecken.

Micro

Besteht meist aus einer Filmdose oder einem PETling (Rohling einer PET-Flasche, sieht aus wie ein Plastik-Reagenzglas mit Schraubverschluss) Dort ist nur Platz für ein kleines Logbuch. Diese Art von Caches wird normalerweise dort benutzt, wo größere Dosen einfach nicht versteckt werden können, z.B. in Städten. Wird auch oft als Zwischen-Stage bei einem Multi benutzt.

Small

Eine kleine Dose, die Platz für ein Logbuch, und ein paar kleine Tauschgegenstände enthält. Hier kommen meistens übliche Haushalts-Frischhaltedosen zum Einsatz. Sehr verbreitet sind Dosen der Marke Lock & Lock. Diese haben sich was Dichtigkeit und Lebensdauer angeht sehr bewährt.

Regular

Eine Dose, die größer als 1 Liter ist, und schon einiges an Platz fürs Logbuch und viele Gegenstände bietet. Auch hier werden wieder gerne Frischhalte-Boxen benutzt. Beliebt sind auch Munitionskisten mit Dichtung, da diese sehr robust und auch recht günstig in der Anschaffung sind.

Large

Alles größer als 10-20 Liter wäre als Large zu bezeichnen. Dies kann zum Beispiel ein Eimer sein, oder eine große Kiste, oder zum Beispiel ein Koffer.

Other

Wenn der Cache nicht der üblichen Form einer Dose mit Logbuch entspricht, sondern z.B. das Logbuch ohne äußere Hülle zu finden ist, dann wäre das ein „Other"

Zu dem Thema „Geeignete Behälter" kommen wir dann später nochmal, wenn wir über das Verstecken von Caches reden.

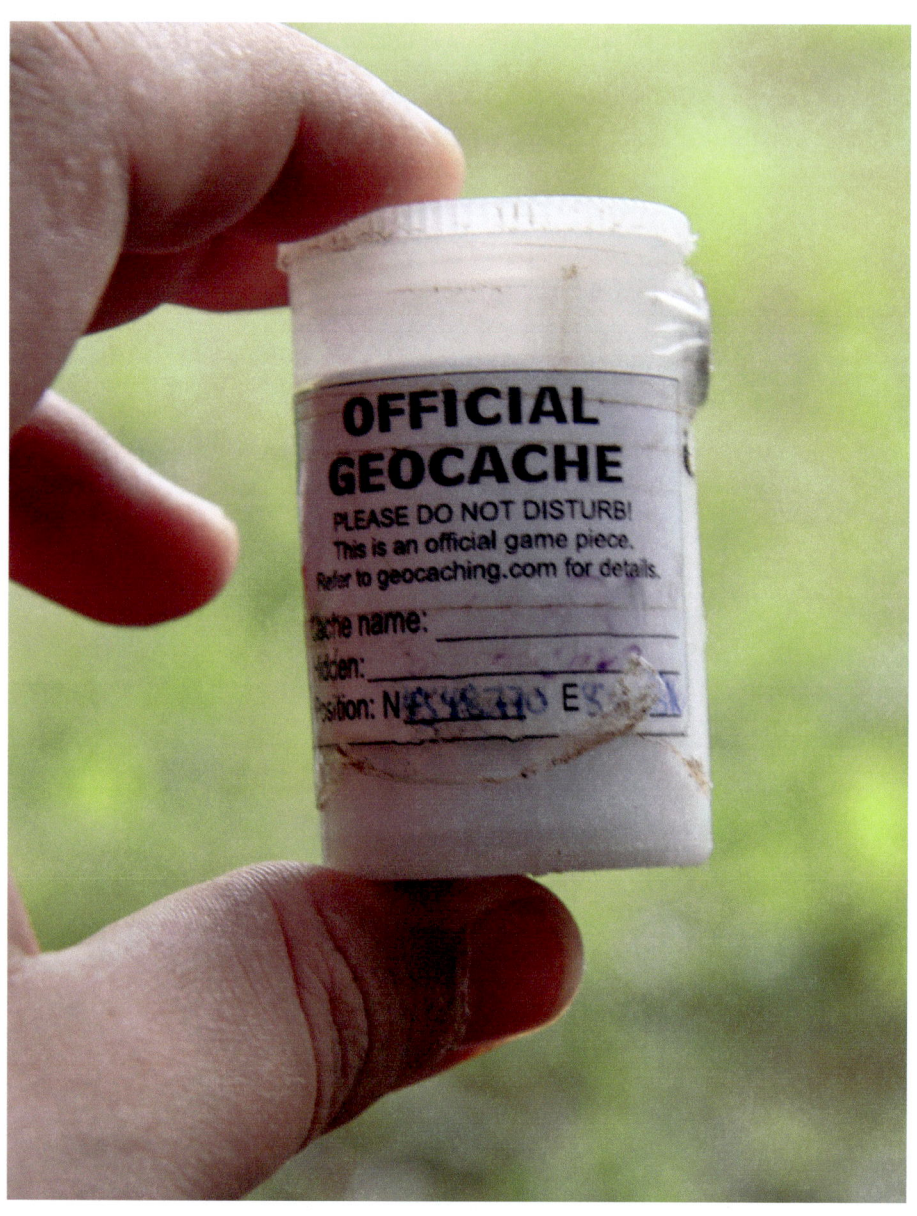

Typischer „Micro"

Ausrüstung

Was brauche ich?

GPS-Empfänger

Da wäre natürlich zuallererst einmal der GPS-Empfänger, auch GPSr (GPS-Receiver) genannt. Dem geneigten Käufer bietet sich eine große Auswahl von Geräten. Zwischen ca. 80 – 1000 EUR gibt es für jeden Anspruch und Geldbeutel eine Lösung. Die größten Hersteller sind hier Garmin und Magellan, um nur mal einige zu nennen.

Die günstigsten Geräte erlauben das Navigieren zu Koordinaten, und zeigen dabei die Entfernung zum Ziel, sowie einen Pfeil mit der Ziel-Richtung an. Dies genügt im Prinzip fürs Cachen. Eine Preisklasse höher, haben die Geräte meist noch einen magnetischen Kompass, der die Richtungsangabe noch einmal zusätzlich unterstützt. Sprich: Der Richtungspfeil dreht sich auch in die richtige Richtung, wenn man einfach nur steht. Bei Geräten ohne Kompass, funktioniert dies nur, wenn man sich bewegt, da nur so das Gerät feststellen kann, wo welche Himmelsrichtung ist.

Eine Preisstufe höher können die Geräte auch Karten anzeigen, bzw. bieten an, eigene oder gekaufte Karten aufzuspielen. Mit topographischen Karten der jeweiligen Zielregion lässt sich schon sehr gut durch jedes Gebiet navigieren.

Einige Geräte bieten auch Unterstützung für das Geocachen an sich, in dem einzelne oder mehrere Caches mitsamt Ihrer kompletten Beschreibung auf das Gerät geladen werden können. Man nennt dies auch „Paperless Caching", weil man dazu keine ausgedruckten Papier-Listings mehr benötigt.

Eine weitere Möglichkeit bieten moderne Smartphones. Diese haben oft auch einen integrierten GPS-Empfänger. Mit Ihrer dauerhaften Internet-Verbindung und der passenden Geocaching-App, hat man so jederzeit Zugriff auf die komplette Datenbank aller Caches und Ihrer Beschreibungen, Fotos etc. Der Nachteil: die GPS-Empfänger in Smartphones haben meist nicht so eine hohe Genauigkeit bzw. sind empfindlich gegenüber gestörtem Satteliten-Empfang wie er zum Beispiel unter dem Blätterdach im Wald herrscht. Außerdem ist die Akkulaufzeit bei längerem Cachen ein Problem.

Viele benutzen auch eine Kombination aus Smartphone und einem normalen GPSr, so lassen sich die Vorteile beider Geräte miteinander verbinden.

Wichtig: Stellt sicher, dass Euer GPS auf das Koordinatenformat DD° MM.MMM' gestellt ist, und das als Kartendatum WGS84 ausgewählt ist. Sonst findet Ihr alles Mögliche, nur nicht den Cache.

Schreibwerkzeug

Um sich auch ins Logbuch des Caches eintragen zu können, sollte man immer einen Stift dabei haben, da nicht sicher ist, ob ein solcher im Cache enthalten ist. Oft ist im Listing auch angemerkt, dass ein eigener Stift mitzubringen ist. Manchmal über das Kürzel BYOP=Bring your own pen

Relativ nützlich sind Stifte mit Gasdruck-Mine, da diese auch über Kopf oder bei Feuchtigkeit noch zuverlässig schreiben.

Viele sparen sich das loggen mit den Stift mittlerweile und kleben kleine selbst designte Aufkleber ins Logbuch oder stempeln mit selbst gemachten Stempeln ins Buch. Einige finden jedoch, dass dies zu unpersönlich ist und deswegen nicht zum guten Ton gehört. Noch eine Spur unpersönlicher sind kleine Kärtchen mit dem Cacher-Namen die einfach in den Cache geworfen werden... darüber freut sich niemand!

Einen Notizblock sollte man auch mitnehmen, um unterwegs Notizen zu einzelnen Stationen zu machen, Rätsel zu lösen, oder ähnliches.

EGA/ECGA

EGA ist die Abkürzung für „erweiterte Grund-Ausstattung" oder ECGA für „Erweiterte Cacher Grund-Ausrüstung".

Hierzu zählen alle möglichen weiteren Werkzeuge, die bei einigen Caches notwendig sein könnten um ihn zu heben (hierbei sei gesagt, dass ca. 99% auch nur mit GPSr und Stift gefunden werden können).

Sollten weitere Hilfsmittel nötig sein, so steht dies normalerweise genau beschrieben im Cache-Listing. Manchmal steht auch nur: „ECGA benötigt".

Da gäbe es zum Beispiel:

- Einen kleinen Handspiegel an einer Teleskop-Stange. Hiermit kann man zum Beispiel schwer zugängliche Stellen absuchen, oder auch einfach nur eine in Spiegelschrift verfasste Botschaft lesen
- Einen altmodischen Kompass, falls der GPSr keinen magnetischen an Bord hat
- Einen Magneten an einer Schnur, oder an einer Teleskopstange. Damit lassen sich magnetische Cachedosen, aus Löchern oder Ähnlichem bergen...
- Eine UV-Lampe
  Um versteckte Botschaften die mit einem UV-Stift geschrieben wurden zu finden.
- Verschiedene Batterien z.B. 9 Volt Block, AA, AAA.
  Werden manchmal benutzt um technische Installationen an den einzelnen Stages in Gang zu setzen.
- Taschenlampen
  nötig um in dunkle Löcher zu Leuchten, oder beim Night-Caching (dazu später mehr)

- Ein Fernglas
- Ein Maßband
  Manchmal müssen für Rätsel irgendwelche Abstände aus-
  gemessen werden
- Ein Stück Schnur oder Seil
- Multi-Tool mit verschiedenen Werkzeugen

verschiedene Werkzeuge in der ECGA

Spezial-Ausrüstung

Für T5-Caches (höchste Terrainwertung) sind fast immer besondere Hilfsmittel notwendig. Zum Beispiel professionelle Kletter- oder Bergsteiger-Ausrüstung, ein Schlauchboot oder Taucherausrüstung. Es versteht sich von selbst, dass man damit auch umgehen können muss…

Auf Event-Caches (vor allem bei MEGAs) gibt es immer wieder T5-Kurse bei denen Ihr Euch unter professioneller Anleitung zeigen lassen könnt, wie das funktioniert.

Normales Outdoor-Equipment

Ansonsten bietet sich natürlich sämtliche Ausrüstung an, die man auch sonst bei Wanderung in der freien Natur gebrauchen kann.

- Rucksäcke und Taschen jeder Art um das Equipment zu verstauen
- Gummistiefel
- Handschuhe
- Gutes Schuhwerk
- Mücken und Zeckenschutzmittel
- Sonnencreme
- Nahrung, Getränke, Traubenzucker
- Ein oder mehrere PMR-Funkgeräte. Entweder zum Cachen in der Gruppe oder zur Kommunikation mit anderen Cachern. Einige Cacher tummeln sich immer auf Kanal 2, wenn Sie beim Cachen sind.

Caches finden...

Es geht endlich nach draußen....

Die Auswahl des Caches

Zuerst einmal stellt sich die Frage, welchen Cache Ihr Suchen wollt. Soll es einfach nur in der Nähe Eures Wohnorts sein? Dann loggt Euch auf geocaching.com ein und klickt auf „from your home coordinates", dann bekommt man alle Caches in der Nähe angezeigt. Viele Cacher legen darauf wert, alle Caches im Umkreis von 2-10km um Ihren Wohnort zu finden, in der sogenannten „Homezone". Man nennt dies auch „die Homezone sauber halten". Manchen ist dies jedoch aber auch vollkommen egal.

Solltet Ihr ganz neu sein, und noch nie einen Geocache gesucht haben, dann wäre jetzt der richtige Zeitpunkt einfach einmal loszugehen... Sucht Euch einen einfachen Traditional in der Nähe, am besten mit niedriger D und T-Wertung, möglichst mind. Small oder Regular, damit auch ein paar Tauschgegenstände drin sind, und geht los. Genießt Euren ersten Geo-cache!

Wenn Ihr schon mal gecached habt, und nun die etwas schöneren und anspruchsvolleren Caches besuchen wollt, dann zeige ich jetzt wie man diese finden kann.

Um zwischen schönen und nicht so schönen Caches unterscheiden zu können, gibt es momentan hauptsächlich zwei Möglichkeiten:

Favourite Points

Für alle 10 gefundenen Caches, dürfen Premium-Member einen Favoriten-Punkt vergeben, um so die schönsten 10% „auszuzeichnen" Die Favoriten-Punkte werden ganz links mit einem blauen Symbol in den Übersichtslisten angezeigt, oder rechts oben im Cache-Listing.

Diese bieten einen Anhaltspunkt, wie der Cache bisher bei den Besuchern ankam. Aber Vorsicht: Die reine Anzahl bietet noch keine hundertprozentige Vergleichsmöglichkeit. Ein Cache der schon seit etlichen Jahren besteht, kann natürlich schon viel länger Punkte sammeln, als ein Cache der erst vor einer Woche ausgelegt wurde, und erst zwei bis dreimal gefunden wurde. Trotzdem kann der neue Cache natürlich schöner sein.

Moment... wann ist denn ein Cache „schön"? Das ist sicherlich subjektiv, aber ein paar Kriterien findet man doch immer wieder:

- Ein besonders pfiffiges Versteck
- Ein schöner Ort
- Eine schöne Story drumherum
- Liebevoll gebastelte Stages
- Usw.

Bei den Übersichtslisten lassen Sich die Caches auch durch einen Klick auf die oberste Zeile nach Favoriten-Punkten sortieren (nur als Premium-Member), so könnt schnell die beliebtesten Caches der Umgebung heraussuchen.

Durch einen Klick auf die Favoriten-Punkte lässt sich einblenden wie viele Premium-Member die den Cache gefunden haben, auch einen Punkt vergeben haben.

GCVote

Eine weitere Möglichkeit zur Bewertung hat sich mit dem privat betriebenen GCVote gebildet. Man benötigt ein Browser-Plugin, welches sich in die Geocaching-Website integriert und dort Bewertungen anzeigt. Das Plugin ist für alle gängigen Browser verfügbar. Die Caches lassen sich mit 1-5 Sternen bewerten, und so loben oder kritisieren.

Im Gegensatz zu den Favourite-Points kann hier jeder bei der Bewertung mitmachen.

Auf gcvote.com findet Ihr eine Möglichkeit zum Herunterladen des Plug-ins und eine Anleitung zum Benutzen.

Premium-Mitgliedschaft

Auf geocaching.com gibt es für rund 30 EUR im Jahr die Möglichkeit sogenannter Premium-Member zu werden. Dadurch habt Ihr Zugang zu erweiterten Funktionen auf der Geocaching-Webseite wie z.B.:

- Erweiterte Abfragen auf die Geocaching-Datenbank und Down-loaden einer ganzen Ergebnis-Liste mit allen Informationen. (sogenannter „Pocket-Query")
- Das Finden von Caches entlang einer bestimmten Route
- Verschiedene Statistiken über Eure Cacher-Laufbahn
- Sofortige Benachrichtigungen per E-Mail wenn in einem von Euch definierten Gebiet ein neuer Cache gelegt wurde
- Das Organisieren von Caches in eigenen Listen
- Das Vergeben von Favoriten-Punkten
- Zugriff auf Cache-Listings die nur für Premium-Member frei-geschaltet wurden
- und noch einiges mehr

Vor allem der Punkt mit den Cache-Listing ist wichtig. Immer mehr aufwändige und gute Caches werden als „Premium-only" freigeschaltet, da die Owner so hoffen, dass die Besucher eher Geocacher sind, die Ihr Hobby etwas ernster nehmen und bereit sind Geld dafür zu bezahlen. So lässt sich unter Umständen die Gefahr von Vandalismus etwas senken.

Welcher soll es denn sein?

Macht Euch Gedanken, wie Eure Cache-Tour aussehen soll. Wollt Ihr eher mehr oder weniger laufen? Habt Ihr genügend Zeit Euch auf einen langen Multi einzulassen? Oder soll es ein ganz schneller Traditional sein, vielleicht sogar ein Drive-In? (Drive-Ins liegen meist direkt an Parkplätzen oder in der Nähe der Straße, so dass man mit dem Auto fast bis zum Cache fahren kann)

Bei den meisten Caches ist angegeben, wie viel Zeit man ungefähr mitbringen sollte, oder wie lange der Fußmarsch ist.

Ist vielleicht gar kein Wetter zum Rausgehen? Dann löst doch zuhause schon mal ein Mystery-Rätsel, um später den eigentlichen Cache anzugehen.

Vorbereitung

Wenn Ihr Euch mit den oben beschriebenen Informationen einen oder mehrere schöne Geocaches ausgesucht habt, dann kann es im Prinzip losgehen. Druckt Euch das Listing aus (falls Ihr kein Gerät habt, mit dem Paperless Caching möglich ist), und lest es vor allem noch einmal aufmerksam! Oft befinden sich sehr wichtige Informationen darin, wie benötigte Ausrüstungsgegenstände, oder Tipps für den Weg oder das Suchen.

Es gibt besonders aufwändige und komplexe Caches, bei denen der Owner einen Kalender eingerichtet hat, und man sich für einen bestimmten Zeitpunkt anmelden soll. So wird verhindert, dass man mit anderen Geocachern oder Cacher-Gruppen in die Quere kommt. Es gibt auch Caches bei denen in einer Stage zum Beispiel ein Hilfsmittel liegt, was bei späteren Stages benötigt wird und später wieder zurückgelegt wird. Auch hier ist eine terminliche Abstimmung notwendig. Wie bereits gesagt, ist das aber nur bei sehr großen aufwändigen Caches so, und eher selten anzutreffen.

Als Notfall-Tipp wenn Ihr vor Ort gar nicht fündig werdet gibt es bei den meisten Caches einen sogenannten Hint (Hinweis). Der Hint hilft einem meist auf den letzten Metern den Cache zu finden indem zum Beispiel das Versteck genauer beschrieben wird (z.B. „In einem hohlen Baumstumpf").

Der Hint ist auf der Geocaching-Webseite ROT13 verschlüsselt dargestellt (ROT13: Einfaches Verschlüsselungs-Verfahren bei dem jeder Buchstabe durch den 13. nächsten im Alphabet ausgetauscht wird) Er kann entweder online per Mausklick oder mit der daneben stehenden Tabelle später auf dem Papier entschlüsselt werden. Tut Euch einen Gefallen und lest den Hint nur im Notfall. Es könnte Euch sonst unter Umständen den Spaß am Suchen nehmen.

Bei vielen Caches, ist als zusätzlicher Wegpunkt eine Parkplatz-Empfehlung angegeben. Ihr solltet Euch am besten an diesen Tipp halten. Der Owner hat sich sicher dabei etwas gedacht, wenn er Euch diesen Parkplatz empfiehlt.

Fahrt also zum angegebenen Parkplatz oder, falls keiner angegeben ist, in die Nähe des Caches. Beachtet dabei die StVO und fahrt nicht in irgend-welche Waldwege, bei denen die Einfahrt verboten ist, nur um ein paar Meter zu sparen...

Spezial-Caches

Nachtcaches:

Als Nachtcache (NC) bezeichnet man Caches die man üblicherweise nur nachts finden kann. Ermöglicht wird dies meist durch Reflektoren die an z.B. Bäumen hängen und durch Anstrahlen mit der Taschenlampe zu

Hinweisen werden, mit denen der weitere Weg gefunden werden kann. Teilweise kommen hier auch zum Beispiel reaktive Lichter zum Einsatz. Das sind kleine LEDs die erst aktiv werden, wenn Sie mit einer Taschenlampe angeleuchtet werden. Durch ein Blinken dieser LEDs lässt sich dann zum Beispiel ein Code ablesen.

Wichtigstes Hilfsmittel ist natürlich hier die Taschenlampe. Dabei empfiehlt es sich, sich eine moderne gute LED-Taschenlampe zu besorgen, da diese in allen Belangen besser geeignet sind, als die veralteten Glüh-Taschenlampen. Für ab ca. 30 EUR bekommt man hier etwas Brauchbares.

Das Nacht-Cachen ist durch seine gruselige Atmosphäre besonders reizvoll. Allerdings gilt gerade nachts in Wäldern besondere Aufmerksamkeit! Zum einen sollte man darauf achten, die Tiere nicht zu stören, und zum anderen ist nachts die Gefahr groß unter Umständen von einem Jäger mit Wild verwechselt zu werden! Deshalb sollte man nie die Wege verlassen und immer mit der Taschenlampe oder einer Stirnlampe deutlich auf sich aufmerksam machen.

Lost Places:

Als Lost Places (LP) bezeichnet man Orte wie alte verlassene Gebäude, Ruinen, Bunker und ähnliches. Das Cachen in Lost Places spielt sich meistens in einer rechtlichen Grauzone ab, da der Zutritt zu solchen Orten oft nicht gewünscht oder explizit verboten ist.

Viele finden Lost Places aufgrund ihrer besonderen Atmosphäre besonders interessant. Auch das Hobby Fotografieren wird häufig mit einem Besuch von Lost Places verknüpft, da dort meistens sehr interessante und atmosphärische Bildmotive vorhanden sind.

Auf gar keinen Fall solltet Ihr Umzäunungen oder Absperrungen überwinden um zu einem Lost Place zu gelangen. Euch droht dabei immer eine Anzeige wegen Hausfriedensbruch!

Außerdem ist der Aufenthalt an Lost Places fast immer mit einer gewissen Gefahr verbunden, da verlassene Bauwerke in den meisten Fällen nicht mehr als sicher anzusehen sind, und eventuell sogar Einsturzgefahr droht.

Es gibt aber auch alte interessante verlassende Bauwerke die öffentlich zugänglich sind, wie zum Beispiel viele Bunkeranlagen des Atlantikwalls in Dänemark.

Solltet Ihr Euch an einem Lost Place versuchen, dann gibt es diverse Tipps die Ihr unbedingt befolgen solltet!

- Geht niemals alleine
- Lasst Euch nicht von Passanten beobachten
- Seid vorsichtig! Es herrscht Gefahr für Leib und Leben
- Verändert nichts, zerstört nichts und nehmt nichts mit. Möglicherweise liegen dort Relikte herum die eine historische Bedeutung haben und nicht aus Ihrem Kontext entfernt werden sollten (alte Zeitungen oder Ähnliches)
- Solltet Ihr von jemandem aufgefordert werden das Grundstück zu verlassen, dann solltet Ihr dem sofort und ohne Widerrede Folge leisten
- Übertretet keine Zäune, Absperrungen und Verbotsschilder

Verhalten in der Natur

Die Natur bietet uns das Spielfeld für unser Spiel. Dementsprechend pfleglich sollten wir auch mit ihr umgehen.

Oft stehen Geocacher in der Kritik, sich wie Rüpel im Wald zu verhalten, alles platt zu treten, und Tiere aufzuschrecken. Deshalb sollte es eine Selbstverständlichkeit sein, darauf zu achten, die Natur und die Tiere nicht zu schädigen.

- Verlasst nicht unnötig die Waldwege
- Trampelt keine Pflanzen nieder
- Stört keine Tiere, vor allem im Frühling bei der Brut
- Hinterlasst bloß keinen Müll im Wald. Das widerspricht jeder Geocacher-Ehre (siehe oben: CITO)
- Niemals graben! Geocaches dürfen niemals vergraben sein, also braucht Ihr auch nichts ausgraben.
- Bei Nachtcaches: Schaltet nie die Taschenlampe aus, gebt Euch immer deutlich als Mensch zu erkennen, damit Ihr nicht schlimmstenfalls angeschossen werdet.
- Von 1. Oktober bis 31. März ist eine besondere Schutzzeit für Fledermäuse. Das Betreten von Höhlen ist in dieser Zeit verboten.

Viele Jäger sind so schlecht auf uns zu sprechen, dass Sie richtiggehend Jagd auf Caches in Ihrem Wald machen, und diese vernichten/entfernen. Lasst uns versuchen die Wogen nicht noch höher schlagen zu lassen, und verhaltet Euch in der Natur so respektvoll wie möglich.

Verhalten in der Stadt

Auch im städtischen Bereich gibt es einige Dinge zu beachten. Schon dutzende Geocaching-Aktionen endeten mit einem Bombenalarm oder ähnlichem, und einem dementsprechend großen und teuren Polizeieinsatz.

- Äußerste Vorsicht bei Caches in der Nähe von Bahnhöfen oder Flughäfen. Was meint Ihr wie es aussieht wenn Ihr den Cache wieder hinter eine lose Steinplatte auf dem Bahnhofsgelände versteckt? („Mann legt dubioses Päckchen an Bahngleise"). Solltet Ihr dabei beobachtet werden, ist der Anti-Terror-Einsatz nur noch einen Anruf entfernt. Meidet solche Caches am besten ganz. In der Vergangenheit kam es schon des Öfteren zu großen Polizei-Einsätzen durch solche Aktionen.

- Auch sonst sollte bei städtischen Caches natürlich mehr darauf geachtet werden, dass man beim Suchen, Finden und Wieder-verstecken nicht beobachtet wird. Sonst ist das Versteck ganz schnell futsch.

Gefahren beim Geocachen

Beim Geocachen können natürlich auch die ganz normalen Alltags-Unfälle passieren. Schnell ist man auf einem Feld blöd in ein Loch getreten und hat sich die Bänder gerissen. Oder man fällt hin und bricht sich etwas. Deshalb empfiehlt es sich immer mit anderen loszugehen, damit im Not-fall jemand Hilfe holen kann. Auch wäre es ratsam immer ein Handy dabei zu haben. Sollte man alleine in ein Gebiet ohne Handy Empfang gehen, sollte wenigstens immer jemand wissen, wo man unterwegs ist.

Dass bei T5-Caches besondere Gefahr droht, sollte jedem bewusst sein. Ich warne hier nochmal ausdrücklich davor ohne das entsprechende Fachwissen und Ausrüstung zu versuchen einen Kletter-Cache oder ähnliches anzugehen.

Ansonsten gibt es im Sommer natürlich auch immer wieder die Gefahr durch Zecken. In Risikogebieten ist also eine FSME-Impfung absolut rat-sam!

Eine weitere Gefahr stellen eventuelle Blindgänger und sonstige Kriegs-Überreste dar. Solltet ihr einen unbekannten Gegenstand finden, der im Entferntesten an eine Granate oder Ähnliches erinnert, dann keinesfalls berühren, die Stelle deutlich markieren und die Polizei rufen!

Los geht's!

Ihr habt Euch also euren Wunsch-Cache ausgesucht. Es kann also losgehen. Wir nehmen mal an Ihr seid beim Parkplatz Eurer Wahl angekommen und seid bereit für euren ersten Cache. Nochmal kurz die Ausrüstung checken! Stift nicht vergessen? Alles dabei? Dann nix wie los! Falls noch nicht geschehen, schaltet Euren GPS-Receiver ein, oder startet Eure Caching-App auf dem Smartphone und wählt Euren Zielpunkt aus. Bei einem Traditional wäre das direkt der Cache, bei einem Multi die Koordinaten von Stage 1.

Die Eingabe der Koordinaten ist je nach GPSr sehr unterschiedlich. In den meisten Fällen könnt Ihr einen sogenannten „Waypoint" anlegen, dem Ihr dann bestimmte Koordinaten zuweist. Dann wählt Ihr den gerade erstellten Waypoint als Ziel aus und startet die Zielführung. Bei Smartphones und der offiziellen geocaching.com App müsst Ihr normalerweise gar keine Koordinaten eingeben, sondern wählt einfach nur den entsprechenden Cache aus.

Eine Sache noch: Merkt Euch gut wo Euer Auto steht. (oder setzt im GPSr einen Waypoint um danach wieder zurückfinden zu können) Wenn man in unbekanntem Gebiet unterwegs ist, kann es durchaus vorkommen dass man sich auch trotz Satelliten-Navigation verläuft!

Ein Pfeil wird jetzt erscheinen und die Richtung und Entfernung zum Zielpunkt anzeigen. Je nachdem welches GPS-Gerät Ihr habt (mit oder ohne magnetischen Kompass) zeigt der Pfeil erst in die richtige Richtung wenn Ihr Euch ein paar Meter bewegt habt.

Je nachdem ob Ihr ein kartengestütztes GPS habt oder nicht, ist dieser Pfeil nun Euer einziger Anhaltspunkt der Euch bei der Suche hilft. Habt Ihr zusätzlich noch digitale Karten zur Verfügung, dann könnt Ihr Anhand der eingezeichneten Wege eine sinnvolle Route zum Cache auswählen. Ohne

Karten hat man nur die Luftlinie zur Verfügung und muss raten bzw. schätzen ob man an der nächsten Kreuzung nun besser links oder rechts laufen sollte.

Vergesst vor lauter Starren auf das GPSr nicht, auch die Landschaft und die Natur um Euch herum zu bewundern. Denn das ist es worum es meiner Meinung nach beim Cachen vor allem geht!

Wenn Ihr einen Multi-Cache macht, und bei den Stationen zum Beispiel Zahlen suchen müsst um die nächsten Koordinaten zu errechnen, dann notiert Euch diese Zahlen! Eventuell werden diese später nochmal gebraucht, weil Ihr den Cache abbrecht und ein anderes Mal weitermacht oder weil ein weiteres Rätsel wieder auf diese Zahlen zurückgreift.

Telefonjoker

Bei besonders aufwändigen und kniffligen Caches, deren Suche viele Stunden dauern kann, gibt es manchmal sogenannte Telefonjoker. Da bei einer solchen Suche ein Scheitern sehr deprimierend sein kann, gibt es in Notfällen, wenn man gar nicht mehr weiterkommt, die Möglichkeit den Owner oder einen Vor-Cacher anzurufen um sich weiterhelfen zu lassen. Der Telefonjoker sollte immer die allerletzte Möglichkeit sein, und wird normalerweise nur dann benötigt wenn eine Station zerstört wurde oder nicht mehr lesbar ist.

Die Ankunft

Wenn der Entfernungsanzeiger nun unter die 10-15 Meter Marke fällt, dann wird es Zeit die Augen aufzuhalten und die Cache-Dose (oder den Hinweis auf die nächste Stage) zu suchen. Macht Euch am besten Gedanken: Wenn ich hier etwas verstecken müsste, wo genau würde ich das tun?

Selbst wenn man sehr genaue Koordinaten hat, und der Besitzer des Caches alles sehr genau ausgemessen hat, kann man mit der Suche auf den letzten 5 Metern manchmal viel Zeit verbringen. Wenn man einige Caches gemeistert hat, bekommt man jedoch ein Gefühl dafür, wie die typischen Verstecke aussehen.

Typische Verstecke sind zum Beispiel:

- Ein Loch in einer Mauer
- Ein Astloch
- In oder unter einer Baumwurzel
- Unter einem aufgetürmten Haufen Äste
- Bei Micros: Hinter einen Hohlraum oder ein Schild geklemmt.
- Es gibt enorm getarnte Cacheverstecke, wie ausgehöhlte Steine oder hohle Schrauben. Die D-Wertung lässt meist vermuten wir stark der Cache getarnt sein wird

Achtet darauf, dass Ihr beim Suchen und beim Finden nicht von sogenannten Muggeln (ahnungslose Nicht-Cacher) beobachtet werdet. Diese könnten neugierig werden und eventuell den Cache finden und durch Unwissenheit mitnehmen oder zerstören. Versucht Euch deshalb so unauffällig wie möglich zu verhalten. Ihr könnt zum Beispiel so tun als würdet Ihr Euch die Schuhe binden, oder etwas fotografieren usw.

Sollte Euch doch jemand beobachten oder gar ansprechen, dann müsst Ihr je nach Situation entscheiden, ob Ihr ihm das Spiel ja eventuell erklären und ihm vielleicht auch das Hobby schmackhaft machen wollt, oder ob Ihr Euch eine sinnvolle Ausrede einfallen lasst. Zum Beispiel:

- Da war ein Igel! Haben Sie den nicht gesehen?
- Ich messe meine Jogging Strecke aus
- Ich suche Insekten zum Fotografieren
- Ich messe für ein Online Karten Projekt wie OpenStreetMap

Sollte Euch das häufiger passieren, gibt es auch extra kleine Info-Flyer die man an Passanten geben kann um Sie aufzuklären. (Wenn Euch das häufiger passieren sollte, dann habt Ihr allerdings auch irgendwas falsch gemacht)

Solltet Ihr in die Situation kommen, Kontakt mit den Ordnungshütern zu bekommen, dann solltet Ihr auf jeden Fall die Wahrheit sagen, und Ihnen sachlich und ruhig das Spiel erklären. Viele Polizisten kennen mittlerweile Geocaching und falls nicht, dann werdet Ihr wahrscheinlich mit einem ungläubigen Kopfschütteln wieder entlassen.

Der Fund

Irgendwann werdet Ihr Euren ersten Cache in den Händen halten. In den meisten Fällen wird dies eine verschließbare Plastik-Box sein. Genießt das Gefühl. Das Finden seines ersten Caches wird einem immer im Gedächtnis bleiben!

Typischer Cache mit Logbuch und Tauschgegenständen

Das Tauschen

Öffnet vorsichtig die Box. Seid nicht enttäuscht, wenn der Inhalt sehr dürftig ist. Leider sind die Caches mittlerweile oft mit dem allerletzten Ramsch zugemüllt. Helft dabei diesen Zustand zu ändern! Nehmt etwas heraus wenn Ihr möchtet und legt dafür wieder etwas hinein. Das Hineingelegte sollte mindestens von gleichem Wert sein, wie das Hinausgenommene. Es gilt üblicherweise die Regel: „Trade equal, Trade Up, oder don't trade!"

Beliebt als Tauschgegenstände sind meistens Kinderspielzeug oder praktisches wie Zeckenzangen, Karabiner oder ähnliches. Auf gar keinen Fall dürfen verderbliches oder gefährliches in den Cache. Bonbons oder ähnliches locken Ungeziefer an, und verderben mit der Zeit. Und mal ernsthaft: Wer will schon etwas, das in einem Cache lag, essen?

Geeignete Tauschgegenstände sind zum Beispiel:

- Flummis
- Figuren
- Kleines Spielzeug
- Büchlein
- Münzen
- Radiergummis
- Schlüsselanhänger
- Lupe
- Schlüsselbänder
- Stifte
- Spielzeugautos
- Usw.

Ungeeignete Dinge wären zum Beispiel:

- Nahrungsmittel, Bonbons
- Zigaretten
- Drogen
- Feuerzeuge
- Messer
- Kondome
- Kerzen
- Batterien

Das Loggen

Tragt Euch jetzt in das Logbuch ein. Der Owner freut sich wenn Ihr auch noch ein paar nette Worte hinterlasst und nicht nur Datum und euren Namen.

Wie schon vorher geschrieben, gibt es immer mehr Zeitgenossen, die anstelle eines schönen handgeschriebenen Logeintrags nur kleine Visitenkärtchen mit Ihrem Namen hinterlassen. Dies wird nicht so gern gesehen. Nehmt Euch die Zeit und würdigt den Cache durch einen richtigen Log-Eintrag. Bei Micros und Nanos gilt das natürlich nicht, da hier die Logbücher bzw. Logzettel meist nur Platz für Name, Datum und Uhrzeit bieten.

Falls das Logbuch voll ist, oder nass oder sonst irgendwie mangelhaft, dann nutzt die Gelegenheit um dies dem Owner später mitzuteilen.

Schließt den Cache jetzt wieder und versteckt ihn wieder so wie Ihr ihn gefunden habt.

Wieder zuhause

Wenn Ihr wieder zuhause seid, dann ist es an der Zeit euren Fund auch online zu loggen. Besucht also das Cache-Listing auf der Webseite und wählt „Log this Cache". Je nachdem ob Ihr erfolgreich wart, wählt Ihr als Logtyp aus ob Ihr den Cache gefunden habt oder nicht (Found it oder Didn't find it), und könnt dann etwas nettes Schreiben. Tut dem Owner einen Gefallen und speist ihn nicht mit Kurzlogs wie: „Erfolgreich gefunden, Danke!" ab. Macht Euch ein paar Gedanken was es zu berichten gibt. Wie war Eure Suche? Habt Ihr was Tolles erlebt? Gab es Hindernisse? Hattet Ihr eine interessante Begegnung? Habt Ihr besondere Tiere gesehen? War der Cache gut zu finden und schön gemacht? Waren die Koordinaten genau, etc. Solche Details machen Euren Log-Eintrag zu einem richtigen kleinen Erlebnisbericht, und der Owner freut sich, wenn er sieht, dass er mit seinem Cache Euch ein schönes Erlebnis beschert hat. Falls das Logbuch voll war oder sonst ein Problem auftrat könnt Ihr das dem Owner so auch mitteilen.

Wenn der Cache durchnässt oder sonst wie beschädigt ist, dann gibt es einen Extra-Logtyp „Needs maintenance", der dem Owner mitteilt, dass er an seinem Cache eine Wartung vornehmen sollte.

Man sollte im Log keine geheimen Details zum Cache verraten. Sollte es doch notwendig sein zu spoilern (irgendwelche Details verraten, die die eigentliche Spannung des Caches zerstören), dann könnt Ihr euren Logeintrag per Checkbox verschlüsseln, so dass unbedarfte Leser nicht aus Versehen etwas Lesen was ihnen die Spannung verdirbt. Wenn Ihr die Checkbox „Encrypt this log entry" aktiviert habt, dann wird alles Geschriebene verschlüsselt, außer wenn Ihr eckige Klammern um einen Text macht, also zum Beispiel: [unverschlüsselt]. Der Teil bleibt dann im Klartext lesbar.

Im Anschluss kann man seinen Log-Eintrag noch einmal anklicken und zusätzlich noch ein Foto hochladen. Auch darüber freut sich jeder Owner besonders. Beachtet nur auch hier, dass Ihr nicht spoilert! Auf dem Foto sollte keinesfalls das eigentliche Versteck des Caches zu sehen sein!

Herzlichen Glückwunsch! Ihr habt euren ersten Geocache gemeistert!

Cache ohne Dose. Nur ein sehr clever verstecktes Logbuch

Käfer und Münzen auf der Reise

Ein weiteres Element....

Ein weiteres spannendes Element bei diesem Hobby sind die sogenannten Travel-Bugs und Geocoins, sogenannte „Trackables"

Travel-Bugs

Manchmal findet man in Geocaches nicht nur normale Tauschgegenstände sondern auch sogenannte „Travel-Bugs"

Bei Travel-Bugs handelt es sich um kleine Metall-Anhänger im Stil der Armee-„Hundemarken". Diese lassen sich mit einem Kettchen an verschiedenen Dingen befestigen. Am häufigsten sind dabei wohl kleine Kuscheltiere und Figuren anzutreffen.

Die Travel-Bug Anhänger haben eine einmalige Nummer aufgedruckt, mit deren Hilfe man Sie online finden und loggen kann.

Üblicherweise gibt man einem Travel-Bug eine bestimmte Mission wie zum Beispiel: „Reise so weit nach Norden wie möglich" oder „Besuche so viele Burgen wie möglich". Dann legt man Ihn in einen Cache und wartet darauf bis ein anderer Cacher vorbeikommt und ihm möglicherweise bei seiner Mission helfen kann. Dieser nimmt ihn dann mit und legt ihn in einem anderen Cache, der seiner Mission weiterhilft, wieder ab. Auch dafür gibt es einen speziellen Log-Eintrag mit dem man die Aufnahme oder die Ablage eines Travel-Bugs mit Hilfe seiner eindeutigen Nummer kennzeichnen kann. Der Owner kann so den Weg den sein Travel-Bug zurück gelegt hat, auf der Webseite verfolgen und auf einer Karte sehen, wo er schon überall gewesen ist. Natürlich freut sich jeder Owner wenn dem Log-Eintrag ein Foto beigefügt wird, bei dem die Reisen des Travel-Bugs dokumentiert sind.

Wenn Ihr einen Travel-Bug findet und mitnehmen wollt, dann seid Euch über folgendes sicher:

- Könnt Ihr ihm bei seiner Mission weiterhelfen?
- Werdet Ihr in der nächsten Zeit einen geeigneten Cache suchen um ihn wieder abzulegen? Es gibt nichts Schlimmeres wenn ein Travel-Bug eine Ewigkeit bei jemandem in der Tasche liegt und nicht mehr weiterkommt. Als Faustregel sollte die absolut längste Verweildauer bei Euch 14 Tage nicht überschreiten.

Wenn Ihr einen Travel-Bug mitgenommen habt, dann gebt seine Nummer auf der Geocaching-Webseite unter „Trackables" ein. Dort habt Ihr dann die Möglichkeit ihn zu loggen und mit „Grab it" in Euer „Inventar" aufzunehmen. Ihr könnt einen Travel-Bug den Ihr nur gesehen, aber nicht mitgenommen habt auch einfach nur „Discovern" (entdecken) und somit mitteilen dass Ihr ihn gesehen habt und es ihm gut geht. Viele Owner freuen sich zu hören dass er noch im Cache liegt und alles in Ordnung ist. Viele Cacher versuchen so viele Travel-Bugs zu discovern wie möglich.

Travel-Bugs und andere Trackables zählen nicht als Tauschgegenstände! Ihr müsst also nichts in den Cache legen, wenn Ihr einen Travel-Bug mitnehmt und dürft auch nichts rausnehmen wenn Ihr einen Travel-Bug ablegt.

Wenn Ihr ein Trackable im Inventar habt könnt Ihr, wenn Ihr ihn in einem anderen Cache abgelegt habt, beim loggen dieses Caches ganz unten auswählen, dass Ihr ihn dort gelassen habt („Dropped off")

Wenn der Reisende den Cache nur kurz besucht hat, aber nicht dort abgelegt wurde, dann gibt es dafür die „Visited"-Funktion mit der man loggen kann, dass ein Travel-Bug bei einem bestimmten Cache vorbeigeschaut hat.

Auf großen Geocache-Events gibt es häufig eine „Wühlkiste" in die alle, die einen Travel-Bug weitergeben wollen, ihre Travel-Bugs legen können. Alle anderen können dann discovern und durchschauen ob einer dabei ist dem sie weiterhelfen können.

Es gibt auch spezielle Caches, die extra nur für Travel-Bugs angelegt wurden. Sogenannte Travel-Bug-Hotels. Das sind Caches die meist sehr viel Platz in der Dose bieten und oft in der Nähe von Hauptverkehrs-knoten (Flughäfen, Autobahnkreuze, Bahnhöfe) platziert sind. So können Durchreisende hier effektiv einen Travel-Bug mitnehmen oder ablegen.

Besondere Travel-Bugs

Es gibt mittlerweile viele Möglichkeiten wie Cacher Ihre Travel-Bugs benutzen können. Zum Beispiel gibt es Travel-Bugs als Autoaufkleber. Diese sind dann nur zum Discovern gedacht. Andere Cacher können Euch so einen Gruß schreiben wenn Sie zum Beispiel Euer Auto gesehen haben.

Es gibt auch T-Shirts mit aufgedruckter Tracking-Nummer. So könnt Ihr Euch auf Events oder Ähnlichem selbst „discovern" lassen.

Viele Cacher haben auch mittlerweile einen Bug oder ein Coin (siehe nächsten Seiten) den Sie dauerhaft behalten und zu jedem Cache mitnehmen und dort per „visited" loggen. So kann man im Nachhinein den Weg über alle Caches die man jemals besucht hat verfolgen und schauen wie viele Kilometer man beim Cachen schon zurückgelegt hat. Solche Bugs werden auch „Kilometerzähler" oder „Cache Counter" genannt.

Kuscheltier mit Travel-Bug Anhänger

Eigenen Travel-Bug auf die Reise schicken

Wenn Ihr selbst einen Travel-Bug losschicken wollt müsst Ihr zuerst einmal einen Travel-Bug Anhänger kaufen. Neben dem offiziellen Online-Shop gibt es mittlerweile dutzende Geocaching-Online-Shops (mittlerweile gibt es in Deutschland sogar richtige Geocaching-Ladengeschäfte!) bei denen neben vielen anderen Artikeln auch die gesuchten Anhänger gekauft werden können.

Dann solltet Ihr Euch einen Gegenstand suchen den Ihr auf die Reise schicken wollt. Das kann alles Mögliche sein. Es gibt Travel-Bugs an Kuscheltieren, an Plastikfiguren, ja sogar an Socken und Backsteinen wurden Travel-Bugs schon befestigt!

Dann müsst Ihr Euch eine Mission aussuchen. Hier einige Beispiele für Missionen:

- Besuche so viele Caches wie möglich
- Reise in die USA und zurück
- Versuche den Nordpol zu erreichen
- Besuche nur Caches bei Burgen und Schlössern
- Besuche die 7 Weltwunder
- Lege eine möglichst große Strecke zurück
- Umrunde einmal die Erde
- usw.

Jetzt könnt Ihr den Anhänger möglichst stabil an dem Gegenstand befestigen. Es ist ratsam eventuell noch ein laminiertes Schild mit einer Beschreibung um was es sich handelt und einer Beschreibung der Mission dazu zuhängen. So können Finder direkt sehen, ob sie bei der Mission helfen können, ohne erst online nachschauen zu müssen.

Auf der Geocaching-Webseite müsst Ihr unter „Trackables" euren Anhänger zuerst „aktivieren". Erst nach dieser Freischaltung ist er durch die Angabe seiner Tracking-ID online auffindbar. Der Aktvierungscode liegt beim Kauf des Travel-Bugs bei.

Dann könnt Ihr ihm eine Beschreibung und ein Ziel geben, sowie ein Foto von ihm einfügen.

Er befindet sich nun automatisch in eurem Inventar und kann beim nächsten Cache-Besuch ausgelegt werden.

Leider ist die Verlustrate bei Travel-Bugs ziemlich hoch, da es immer wieder vorkommt, dass Unwissende den Gegenstand einfach mitnehmen, ohne sich bewusst zu sein um was es sich handelt. Oder es kommt vor, dass ein Cacher den Travel-Bug mitnimmt und dann das Interesse am Hobby verliert. Weiterhin kann es vorkommen, dass der Cache in dem der Bug liegt, verloren geht, Vandalismus zum Opfer fällt oder gemuggelt wird (das Mitnehmen des ganzen Caches aus Unwissenheit. Das ist für den Owner des Travel-Bugs immer sehr traurig, aber leider bleibt einem nichts anderes übrig als zu hoffen, dass er irgendwann wieder auftaucht.

Geocoins

Geocoins sind geprägte Münzen die auch eine Tracking-ID aufgedruckt haben. Sie können genauso benutzt werden wie normale Travel-Bugs. Geocoins werden normalerweise immer in kleinen Plastik-Schutztaschen aufbewahrt (auch wenn sie auf Reisen sind)

Im Gegensatz zu Travel-Bugs, werden Coins nicht an andere Gegenstände gehängt, sondern gehen alleine auf die Reise. Allerdings sind Geocoins in den letzten Jahren immer begehrter geworden und sind häufiger in Sammelalben anzutreffen als in Caches. Viele die Coins kaufen, tun dies also aus Sammel-Lust und nicht um sie auf Reisen zu schicken.

Es gibt unzählige verschiedene dieser Coins. Viele Geocaching-Clubs lassen eigene Coins produzieren, oder es werden für Caching-Events extra Coins produziert. Es gibt Coins zu bestimmten Themen, zu bestimmten Anlässen und so weiter und so fort.

Das Besondere an den Geocoins ist unter anderem, dass fast jede Coin-Serie Ihr eigenes kleines Icon auf der Geocaching-Webseite hat. Dies taucht im Cache-Listing beim grabben und bei allen sonstigen Aktionen, die mit der Coin passieren, auf.

Durch die besondere Wertigkeit und Schönheit der Coins fallen diese leider noch öfter als Travel-Bugs dem Diebstahl zum Opfer. Dies ist mit ein Grund das viele Geocacher die Coins nur sammeln, und weniger auf Reisen schicken.

Also seid fair und klaut keine Coins aus irgendwelchen Caches!

Der Geocoin-Sammel-Wahn wird immer größer und seltene begehrte Coins können bei Online-Auktionen locker das 10 fache ihres ursprünglichen Preises erreichen.

Solltet Ihr eine Coin oder einen Travel-Bug der schon auf Eurem Account aktiviert ist, an jemanden verkaufen oder verschenken wollen, dann gibt es dafür eine spezielle Adoptions-Funktion auf geocaching.com.

Um selbst Coins prägen zu lassen, müssen es schon mindestens ca. 200 Stück sein, damit es sich finanziell lohnt. Stattdessen gibt es aber die Möglichkeit einzelne Coins mit Aufklebern oder einer Laser-Gravur in diversen Online-Shops personalisieren zu lassen.

Aufwändig gestaltete Geocoin in ihrer Schutzhülle

Travel Tags

Travel Tags sind im Prinzip das gleiche wie Travel-Bugs, nur in anderer Form. Es gibt Anhänger in Tierformen oder anderen Motiven, die alle auch eine Tracking-Nummer aufgedruckt haben, und so offiziell auf geocaching.com verfolgt werden können.

Weitere Trackables

Es haben sich zusätzlich noch diverse andere Trackable-Systeme gebildet. Um ein paar Beispiele zu nennen:

- Geolutins
- Geokretys
- TravelerTags
- Usw.

Jedoch haben alle diese Alternativen keine Einbindung in die offizielle Geocaching-Webseite und sind deswegen viel seltener anzutreffen.

Caches

selbst

verstecken

Ich will auch mal....

Nachdem Ihr Eure ersten Caches gefunden habt bekommt Ihr vielleicht auch Lust selbst einen Geocache zu verstecken. Es gibt keine speziellen Empfehlungen wie viele Caches Ihr schon gefunden haben müsst, bis Ihr euren ersten eigenen Cache versteckt. Manche sind der Meinung, dass man erst 100 Caches gefunden haben sollte, ich finde jedoch dass man auch nach 25 Caches schon einen guten legen kann. Wichtig ist, dass Ihr mit der nötigen Verantwortung und Ernsthaftigkeit an die Sache rangeht.

Richtlinien

Die Betreiber von geocaching.com haben eine Reihe von Richtlinien aufgestellt, die alle Geocaches erfüllen müssen. An diese müsst Ihr Euch zwingend halten, wenn Ihr einen Cache auf geocaching.com veröffentlichen wollt. Hier einige der wichtigsten Punkte:

- Der Cache darf gegen keine gültigen Gesetze verstoßen
- Der Cache soll dauerhaft sein und muss an einem festen Ort bleiben
- Der Cache darf niemals vergraben sein!
- Jeder physikalische Geocache muss ein Logbuch oder ähnliches enthalten
- Das Platzieren und Suchen des Caches darf keine Zerstörung oder Störung von Eigentum und Natur darstellen.
- Der Cache darf nichts illegales enthalten und muss familien-freundlich sein
- Es muss eine Erlaubnis des Landeigentümers vorliegen
- Jedes physische Element eines Geocaches (Multi-Station oder der eigentliche Cache) muss mindestens 0,1 Meile bzw. 161 Meter von anderen Caches/Stationen Abstand halten
- In Deutschland muss ein Mindestabstand von 6 Metern um Bahngleise gehalten werden

- Der Cache darf keinen kommerziellen Hintergrund haben. Der Cache darf nicht abhängig von Öffnungszeiten sein, und es darf kein Eintrittsgeld notwendig sein um ihn zu besuchen
- Der Cache darf keine religiöse oder politische oder werbende Aussage haben
- Der Owner ist für das Einhalten der Bestimmungen und die Pflege des Caches verantwortlich!

Das waren nur ein paar der wichtigsten Regeln. Eine vollständige Liste könnt Ihr auf geocaching.com nachlesen.

Der Ort

Ihr solltet mit dem Geocache versuchen auf einen schönen oder besonderen Ort aufmerksam zu machen. Das kann ein Tradi an einem Aussichtspunkt sein, oder ein Multi mit dem Ihr einen besonders schönen Wanderweg, oder einen Rundgang durch eine Stadt zeigen wollt. Niemand braucht den hundertsten Micro hinter einer Leitplanke an einer Straße, oder bei irgendwelchen städtischen Mülltonnen. Ihr glaubt gar nicht wie viele solcher schlechten Caches es gibt!

Versucht Euch davon abzuheben. Wenn nicht wenigstens die Location besonders interessant ist, dann sollte es wenigstens das Cache-Versteck oder die Dose an sich sein. Etwas aufwendig Gebasteltes oder eine technische Installation macht den Cache auch ohne besonderen Ort zu etwas Spannendem.

Wenn Euer Cache weder einen besonderen Platz noch sonst eine Besonderheit aufweisen kann, dann solltet Ihr das Auslegen besser ganz sein lassen.

Von einigen Orten solltet Ihr komplett die Finger lassen. Dazu gehören vor allem Schulen, Kindergärten, Spielplätze und militärische

Einrichtungen. Das sind keine Orte, an denen „dubiose" Geocacher beim Rumschnüffeln und irgendwas Suchen gesehen werden sollten. Dabei könnte leicht ein falscher Eindruck entstehen.

Weitere Orte bei denen ein Geocache zu Problemen führen kann sind Bereiche in denen sich sehr viele Menschen aufhalten. Fußgängerzonen, Bahnhöfe, Veranstaltungsorte usw. Wenn dort ein Cache auffällt kann dies schnell einen Bombenalarm und einen Großeinsatz der Polizei bedeuten. Dies kam in der Vergangenheit schon häufiger vor. Deshalb sollten solche Orte gleich ganz gemieden werden.

Euer Geocache sollte außerdem in der Nähe Eures Wohnorts sein. Nur so ist sichergestellt, dass er Euch auch um die Pflege des Caches kümmern könnt. Mal schnell im Urlaub einen Cache auslegen, ist also nicht sinnvoll und solche Caches werden in der Regel auch nicht freigeschaltet.

Ihr müsst die Erlaubnis des Grundeigentümers besitzen, den Cache dort abzulegen. Mit dem Abschicken des Listings erklärt Ihr, dass diese Erlaubnis vorliegt.

Der Cache-Behälter

Die wichtigste Anforderung an einen Cache-Behälter ist, dass er von Umwelteinflüssen geschützt ist. Er muss absolut wasserdicht sein! Die häufigste Behälter-Form sind Plastik-Frischhaltedosen von den verschiedensten Herstellern. Diese sind wasserdicht und in den verschiedensten Größen erhältlich. Außerdem bieten sie genügend Platz für ein Logbuch und Tauschgegenstände.

Wenn es etwas größer sein soll, dann eignen sich auch alte Armee-Munitionsboxen. Diese sind ebenso wasserdicht, leicht zu öffnen und bieten jede Menge Platz.

Für Micro-Caches haben sich Filmdosen und PETlinge bewährt. Sie eignen sich auch gut für Zwischenstationen bei Multis. Jedoch sollte man beachten dass in Micro-Behältern kein Platz für Tauschgegenstände und Travel-Bugs ist. Deshalb sollte man bei genügend Platz eher zu größeren Caches tendieren.

Also Nano-Behälter gibt es im Handel viele Varianten von kleinen Kapseln die meist auch noch magnetisch sind, um sie an metallischen Oberflächen zu befestigen.

Im Geocaching-Handel gibt es weiterhin eine große Auswahl an getarnten Verstecken. Zum Beispiel ausgehöhlte Steine, Nanos die wie Schraubenköpfe aussehen oder sogar Schneckenhäuser. So verlockend solche stark getarnten Cache-Behälter auch sind, solltet Ihr im Hinterkopf behalten, dass Euer Cache auch irgendwie gefunden werden muss.

Ihr könnt Euch natürlich auch Euren eigenen Behälter oder ein eigenes Versteck bauen. Vielleicht etwas dass sich harmonisch in die Umgebung einfügt oder ähnliches.

Früher hat man Caches oft noch zusätzlich in eine Plastiktüte eingewickelt. Dies sollte man auf gar keinen Fall tun! Es gibt keinerlei Grund dafür. Der Cache sollte sowieso wasserdicht sein, da ändert die Tüte auch nichts mehr daran. In der Tüte bildet sich Kondenswasser, sie vermodert, sie geht eventuell verloren und verschmutzt die Natur. Also: keine Tüten verwenden!

Cache vorbereiten

Auf jeden Cache gehört normalerweise ein Aufkleber der kurz erklärt um was für ein Objekt es sich handelt. Also etwas wie: „Behälter bitte nicht entfernen! Dies ist ein Teil einer weltweitern Schnitzeljagd. Für mehr Informationen besuchen Sie www.geocaching.com." Dazu vielleicht noch

Eure E-Mail Adresse um Euch notfalls zu erreichen. Wenn ein unbedarfter Passant jetzt den Cache zufällig finden sollte, dann ist er zumindest aufgeklärt um was es sich handelt und ruft nicht gleich das Bomben-Räum-Kommando. Solche Aufkleber gibt es in vielen Variationen im Geo-caching-Fachhandel oder als Vorlagen zum selbst Ausdrucken im Netz.

Jetzt fehlt noch das wichtigste im Cache: Das Logbuch!

Bei Smalls, Regulars und large Caches haben sich kleine Notizbüchlein bewährt. Bei kleineren Caches gibt es dünne Papierstreifen, auf denen die Felder für Datum und Cachername schon vorgedruckt sind. Auch dafür findet man haufenweise Vorlagen im Internet. Auf dem Logbuch sollte auch nochmal vermerkt sein zu welchem Cache es gehört und wer der Owner ist. Es empfiehlt sich außerdem das Notizbuch nochmal in einen Zip-Beutel oder Ähnliches zu verpacken, so dass es noch besser gegen Feuchtigkeit geschützt ist. Ein Cache lässt sich meist nie komplett trocken halten, da er zum Beispiel auch mal bei Regen geöffnet wird und so immer mal ein paar Tropfen Wasser hineinkommen können. Ein feuchtes Logbuch setzt schnell Schimmel an, deshalb gehört es nochmal extra geschützt.

Als nächstes gilt es den Cache mit seiner Erstbefüllung auszustatten. Welche Gegenstände dafür geeignet oder nicht geeignet sind, haben wir bereits im Kapitel Caches finden unter „Das Tauschen" abgehandelt.

Einige Cacher platzieren zusätzlich noch Prämien für den ersten oder die ersten drei Finder des Caches. Der erste Finder des Caches (der sogenannte FTF: First to find) bekommt dann zum Beispiel eine selbstgebastelte Urkunde oder eine spezielle Geocoin.

Es gibt einige Cacher, die besonderen Wert darauf legen, der Erste an einem neuen Cache zu sein. Ihr dürft Euch also nicht wundern wenn je nach Gebiet und Schwierigkeit, Euer Cache bereits eine Stunde nach dem Auslegen gefunden wurde.

Außerdem solltet Ihr noch eine sogenannte Stashnote im Cache platzieren. Das ist eine kurze Notiz, auf der Geocaching kurz erklärt wird, so dass ein zufälliger Finder weiß, womit er es zu tun hat. Vorlagen für Stashnotes gibt es auch auf vielen Internet-Seiten zum Herunterladen.

Das Verstecken

Nun gilt es am ausgewählten Ort ein sinnvolles Versteck zu finden. Es sollte auf jeden Fall so gewählt sein, dass der Cache durch zufällige Passanten nicht entdeckt werden kann. Außerdem solltet Ihr verstecken nichts beschädigen oder Tiere stören (zum Beispiel Brutplätze in Astlöchern).

Hier eine Auswahl einiger Versteck-Möglichkeiten:

- In einer Baumwurzel
- In einem Mauerloch
- Unter einigen Steinen oder Ästen
- In einem Geländer-Rohr
- Magnetisch hinter einem Schild
- In einem Fake-Ast/Stein/Briefkasten/Tannenzapfen etc.

Überlegt außerdem wie das Versteck in sämtlichen Jahreszeiten aussieht. Ist der Cache immer noch getarnt genug, wenn die Bäume ihre Blätter abwerfen? Ist der Cache bei Schnee noch zugänglich? Kann er weggeschwemmt, oder gar durch Sturm weggetragen werden?

Hier nochmal der Hinweis, dass der Cache nicht vergraben sein darf! Sonst passiert es, dass Horden von Cachern die halbe Gegend umgraben und unter Umständen eine Schneise der Verwüstung hinterlassen.

Solltet Ihr beim Verstecken entdeckt oder angesprochen werden, dann gilt auch hier: Entweder den Passanten aufklären, oder eine gute Ausrede einfallen lassen (z.B. Schnitzeljagd für Kindergeburtstag). Auf jeden Fall gilt: In solch einem Fall besser ein neues Versteck suchen.

Das Ausmessen der Koordinaten

Beim Ermitteln der Koordinaten sollte äußerste Sorgfalt gelten. Ihr müsst bedenken, dass bei Eurem Messen die Abweichung schon bis zu 10 Metern betragen könnte. Wenn jetzt ein suchender Cacher kommt, der auch nochmal 10 Meter Abweichung hat, dann vergrößert sich der Umkreis schon auf 20 Meter, was beim Suchen des Finals einen deutlich größeren Aufwand bedeutet (und für schlechte Laune beim Cacher sorgt).

Das Ausmessen sollte deshalb wenn möglich immer mit einem richtigen GPS-Receiver erfolgen, und nicht mit einem ungenaueren Smartphone.

Um die Koordinaten noch genauer zu machen, gibt es den Weg die Koordinaten zu „mitteln", also mehrere Messungen durchzuführen, und aus diesen Messungen den Mittelwert der Koordinaten zu berechnen. Manche GPSr haben eine eigene Funktion dafür. Ansonsten kann man den Mittelwert auch per Hand bilden. Wenn man es perfekt machen will, dann macht man seine Koordinaten Mittelwert-Messungen an verschiedenen Tagen, um kleine atmosphärische Störungen auszugleichen.

Wenn Ihr einen Multi-Cache legen wollt, dann geht es jetzt an das Finden und Ausmessen der anderen Stationen. Überlegt Euch an jeder Station ob Ihr dort etwas verstecken wollt, oder dort schon etwas vorhanden ist, dass Ihr für das Errätseln der nächsten Koordinate verwenden könnt, z.B. ein Schild mit der Nummer eines Wanderwegs.

Wenn Ihr bei einer Stage etwas Physikalisches versteckt, wie zum Beispiel einen PETling, dann denkt daran, dass für Diesen auch die Abstandsregel von 161 Metern zu anderen Stationen und Caches gilt.

Bei einem komplexeren Cache empfiehlt es sich am Ende eventuell einen befreundeten Cacher darum zu bitten einen Probelauf zu machen. So fallen eventuelle Fehler oder Ungenauigkeiten auf, bevor Ihr den Cache online stellt.

Das Listing

Wenn Ihr alles fertig vorbereitet habt, dann muss als letzten Schritt der Geocache auf geocaching.com publiziert werden. Dazu geht Ihr auf der Webseite auf „Hide and seek a geocache" und dann auf das Online-Formular zum Melden eines neuen Caches.

Hier müssen nun alle relevanten Angaben zum Cache, wie Größe, Cache-Typ, Datum, D und T-Wertung, weitere Stages und die Koordinaten des Finals angegeben werden. Außerdem gibt es dort Felder für eine Kurzbeschreibung des Caches, sowie den verschlüsselten Hint. Das wichtigste Feld zum Ausfüllen ist die eigentliche Hauptbeschreibung des Caches. Hier kann man alle wichtigen Informationen, Rätsel, Ausrüstungs-Gegenstände usw. eintragen die der Finder wissen muss. Weiterhin empfiehlt es sich, ein paar Angaben zu machen, was den Cacher hier erwartet. Wie lange ist der Weg? Wie viele Stationen gibt es (bei einem Multi)? Wie groß ist der Zeitaufwand ca.? Ist er für Kinderwägen geeignet? Gibt es bestimmte Besonderheiten aufgrund der Jahreszeit? Sollte man etwas beim Parken beachten? Im den Beschreibungsfeldern kann auch HTML-Code benutzt werden, um euren Text anders zu formatieren.

Außerdem könnt Ihr noch weitere Wegpunkte markieren, wie zum Beispiel eine Parkmöglichkeit oder der Anfang eines Wanderwegs (Trail-Head) oder die verschiedenen Stationen eines Multis.

Wenn das Listing abgesendet wurde, dann wird es sich ein sogenannter „Reviewer" anschauen. Das sind Moderatoren die im Auftrag von

Groundspeak alle Listings überprüfen und darauf achten, dass alle Regeln und Richtlinien eingehalten werden. Reviewer sind normalerweise geographisch organisiert. Das heißt, jeder Reviewer ist für „sein" Gebiet zuständig. Wenn Ihr also öfters Caches auslegt, dann werdet Ihr wahrscheinlich immer mit dem oder den gleichen Reviewern in Kontakt kommen. Sollte es ein Problem mit eurem Cache geben, dann wird sich der Reviewer bei Euch melden. Wenn alles in Ordnung ist, dann wird er den Cache nach kurzer Zeit für die Öffentlichkeit freischalten.

Nacharbeit

Nachdem der Cache ausgelegt wurde, ist der Owner natürlich weiter für ihn verantwortlich. Das bedeutet er muss weiter überwacht und gepflegt werden. Sollte in einem Log ein Problem bekannt werden, dann ist es an der Zeit den Cache zu besuchen und das Problem zu beheben. Zum Beispiel muss das Logbuch erneuert werden wenn es voll ist, oder der Behälter muss bei Beschädigung ausgetauscht werden. Wenn es ein Problem mit eurem Cache gibt, dann wird ein Finder wahrscheinlich ein „Needs maintenance" Log hinterlassen. Der Cache wird dann mit einem besonderen Symbol markiert und es gibt dann einen speziellen Logtyp: „Owner maintenance" mit dem Ihr darauf hinweisen könnt, dass Ihr Euch um das Problem gekümmert habt.

Sollte es Euch aus irgendwelchen Gründen, nicht mehr möglich sein, den Cache zu pflegen, zum Beispiel wegen eines Wohnortwechsels, dann gibt es die Möglichkeit, dass jemand den Cache „adoptiert". Dabei wechselt der Owner des Caches auf jemand anderen, der Interesse daran hat den Cache weiterzuführen.

Sollte ein Cache nicht mehr auffindbar sein, oder der Owner reagiert nicht mehr auf „Needs maintenance"-Anfragen dann wird nach einiger Zeit ein Moderator von geocaching.com den Owner um eine Reaktion bzw.

Behebung des Problems bitten. Erfolgt diese nicht, dann wird der Cache „archiviert". Das bedeutet das Listing bleibt zu historischen Zwecken abrufbar, aber es wird nicht mehr in der normalen Suche gefunden und als nicht mehr findbar markiert.

Stage eines Multicaches: Clever versteckter PETling im Stopfen eines Metallzauns

Geocaching Slang

Ich versteh nur Bahnhof....

Besserverstecker

Jemand der den Cache nach dem Loggen besser wieder versteckt als er ursprünglich versteckt war. So wird aus einem D1 schnell mal ein D3

Blaues Forum

Das offizielle Forum der geocaching.com Seite. Wegen seiner blauen Farbe auch „Das blaue Forum" genannt.

BYOP

Bring your own pen – Es sollte ein eigener Stift mitgebracht werden

Cacherautobahn

Ein sichtbarer Pfad von meist niedergetrampeltem Gras, in der Nähe der Dose, der durch die Füße der vielen vorangegangenen Cacher stammt.

CITO

Cache in Trash out – Das Einsammeln von Müll beim verstecken und Suchen vom Geocaches um die Natur wieder schöner zu machen

Dose

so wird der Cache genannt, da dieser zumeist eben in einer Dose ist.

Dosenfischer

Unter Geocachern bekannte Musik-Band die Lieder zum Thema Geocaching singt

Downtrading

Das Entnehmen von etwas wertvollem aus einem Cache und das zurücklegen von etwas wertloserem. Hat zur Folge, dass die Cache mit der Zeit immer mehr „vermüllen". Sehr ungern gesehen! Gegenteil vom Trade-Up

Dönerstag

Jährlich am Gründonnerstag treffen sich viele Geocacher bei Event-Caches bei Döner-Läden. Der erste Dönerstag fand 2007 in Berlin statt, am angeblichen Geburtsort des Döners. Mittlerweile finden in sehr vielen Städten Dönerstag-Events statt.

DNF

Did not find – Wenn man den Cache nicht finden konnte. Gibt es als eigenen Logtyp. Kann dem Besitzer des Caches einen Hinweis geben, dass etwas mit dem Cache nicht stimmt, wenn z.B. mehrere DNF hintereinander geloggt werden.

Drive-In

Ein Cache an den man fast direkt mit dem Auto fahren kann

ECGA

Erweiterte Cacher-Grund-Ausstattung

Final

Letzte Station eines Multis, an dem sich der Cache befindet.

FTF (STF, TTF)

First to find – der erste Finder eines Caches, nachdem dieser gelegt wurde. Viele machen daraus einen kleinen Wettbewerb und versuchen unbedingt der erste zu sein. Manchmal gibt es dafür auch kleine Urkunden oder Ähnliches. im Cache. STF und TTF stehen dementsprechend für den 2. Und 3. Finder.

Genuss-Cacher

Jemand der nicht so sehr auf die Statistik schaut und dem es egal ist, wie viele Caches er schon gefunden hat. Sucht sich die besonders schönen Caches aus, lässt sich Zeit und genießt das Hobby und die Entspannung an sich.

Geocoin

Eine Sammelmünze die wie ein Travel-Bug online verfolgt werden kann

GPS

Global Positioning System – Das Satellitensystem auf dem das ganze Spiel basiert

Grünes Forum

Das größte deutschsprachige Internet-Forum rund ums Geocaching. Die Adresse ist: www.geoclub.de . Wegen der grünen Farbe wird es in Cacherkreisen einfach nur „Das grüne Forum" genannt.

Homezone

Der Nähere Umkreis um den eigenen Heimatort. Viele Cacher versuchen ihre Homezone „sauber" zu halten, indem sie alle Caches dort suchen und finden

Listing

Der Eintrag auf der Geocaching Webseite der den Cache beschreibt

Matrix

Meistens ist damit die Matrix aus den verschiedenen T-und D-Wertungen gemeint. Einige Cacher legen Wert darauf von jeder Kombination von

Terrain und Difficulty Wertung einen Cache gefunden zu haben. Also alles zwischen D1/T1 und D5/T5

MEGA

Ein großes Event auf dem sich mehrere hundert Cacher treffen

Muggel

Auch Muggle oder Geomuggle - Ein Ahnungsloser Nicht-Cacher. Sollte einen nicht beim Suchen beobachten. Angelehnt an die Muggles von Harry Potter

NC

Nachtcache, Cache der sich aufgrund seiner Beschaffenheit nur bei Dunkelheit finden lässt.

Needs Maintenance

Ein Log-Typ der dem Owner sagt, dass er mal nach dem Cache schauen sollte, da irgendwelche Wartungsarbeiten zu machen sind. Also z.B. Logbuch voll, Wasser ist in den Cache eingedrungen etc.

Owner

Der Besitzer/Ausleger eines Caches

PETling

Eine Rohling der zur Herstellung von PET-Flaschen benutzt wird. Sieht aus wie ein kleines Reagenzglas mit Schraubverschluss. Ist wasserdicht und eignet sich durch seine Form sehr gut als Cache-Behälter. Mittlerweile hat sich eine Sub-Sportart gebildet: Der PETling Weitwurf. dafür werden richtige Meisterschaften abgehalten!

Power-Caching

Das Finden von möglichst vielen Caches in kurzer Zeit. Dabei geht es nicht um die Schönheit der einzelnen Caches sondern rein um die Anzahl.

Power-Trail

Viele einfach zu findende Caches entlang einer relativ kurzen Strecke. Wird von manchen gern gemacht um möglichst viele „Punkte" zu machen. Vor allem in Amerika verbreitet. Dort gibt es Power-Trails mit mehreren hunderten Caches. Wird von den alten Hasen nicht als „echtes" Geocaching angesehen

Reviewer

Die „Moderatoren" der Geocaching-Webseite. Diese Überprüfen alle Geocache-Listings bevor sie aktiviert werden, und löschen illegale oder verwaiste Caches

Rudelcachen

Das gemeinsame Cachen in einer größeren Gruppe

SBA

Should be Archived – Ein Log-Typ der besagt, dass der Cache gelöscht bzw. archiviert werden sollte, zum Beispiel weil er gegen die Richtlinien verstößt. Es Reviewer wird dann benachrichtigt und wird sich das ganze anschauen.

Sissi-Cacher

Ein Cacher der es nur bequem mag, nicht schmutzig werden will, jeden Matsch vermeidet und am liebsten auf betonierten Straßen unterwegs. Am liebsten möchte er auch noch dass der T5-Cache von anderen geborgen wird und zu ihm gebracht wird damit er sich einfach eintragen kann

Spoiler

Ein normalerweise unerwünschter Hinweis auf geheime Informationen eines Caches. Also zum Beispiel dessen genaues Versteck, oder Lösungen auf Rätsel eines Multis usw.

Stashnote

Eine kurze Erklärung des Geocaching-Spiels auf einem Stück Papier, die in keinem Cache fehlen sollte, um zufälligen Findern zu erklären was sie da gefunden haben.

Statistik-Cacher

Jemand, der besonderen Wert auf seine Statistiken legt. Also zum Beispiel die „Matrix" vollzumachen, oder möglichst viele FTFs zu erreichen, oder möglichst viele Länder zu „becachen"

TJ

Telefon-Joker

TNLN

Took nothing, Left nothing – Es wurde nichts getauscht

Trackable

Ein Überbergriff für alle Gegenstände deren Position sich online verfolgen lässt. Siehe Travel-Bugs und Geocoins

Tradi

Ein gewöhnlicher Cache vom Typ „Traditional"

TFTC

Thanks for the cache – auch DFDC - Danke für den Cache – übliche Dankesfloskel beim Loggen um sich für den Cache zu bedanken

Trade-Up

Das Tauschen eines Cache-Gegenstands gegen einen wertvolleren. Damit wird versucht dem Down-Trading entgegenzuwirken.

Travel-Bug (TB)

Travel-Bug – Anhänger mit einer eindeutigen Nummer dessen Weg von Cache zu Cache sich online mitverfolgen lässt.

UPS/UPR

Unnatural Pile of Sticks/Stones/Rocks – eine ungewöhnliche Anhäufung von Ästen oder Steinen unter denen der Cache liegt

Ein etwas anderer Cache: Ein sogenanntes „Steinmännchen". Das Loggen erfolgt durch Beschriften und Hinzulegen eines Steins

Rätsel
und
Mysterien

Die häufigsten Codes...

Auf den folgenden Seiten möchte Ich ein paar Tipps geben, wie man Mysterys angehen kann, welche Rätsel bei Mysterys vorkommen können und ein paar der am häufigsten benutzten Codes und Verschlüsselungssysteme zeigen die Euch beim Cachen und Rätseln über den Weg laufen können.

Unknown/Mystery-Caches sind eine optimale Gelegenheit bei schlechtem Wetter oder in den Wintermonaten die Zeit bis zur nächsten Ausflugsmöglichkeit zu überbrücken.

Bei Mystery-Caches bezieht sich der Cache-Hint oft auf das Eingangs-Rätsel und nicht auf das finale Cache-Versteck. Wenn Ihr also keine Ahnung habt, wir Ihr das Rätsel angehen sollt, dann lohnt sich eventuell ein Blick in den Hint.

Lösung überprüfen

Bei vielen Mystery-Caches haben die Owner mittlerweile eine Möglichkeit eingebaut, die Lösungskoordinaten zu überprüfen bevor man sich auf den Weg macht. So kann man sicher gehen, dass das Rätsel richtig gelöst wurde und ist dann nicht enttäuscht wenn man vollkommen falsch lag und dann umsonst losgelaufen ist. Dazu ist im Listing meist ein Link auf eine Webseite bei der man die Koordinaten eingeben kann, und dann erfährt ob man richtig liegt. Die bekannteste dieser Webseiten ist www.geochecker.com

Das Frage-Rätsel

Eine Art von Mystery-Caches sind einfache Rätsel bei denen Fragen beantwortet werden müssen, um die Koordinaten zu bekommen. Manche Fragen lassen sich einfach ergoogeln, manche Fragen erfordern jedoch spezifisches lokales Wissen, dass man nur an bestimmten Orten in

Erfahrung bringen kann. Hier muss man dann doch eine mehr oder minder umfangreiche Recherche vor Ort betreiben.

Das versteckte Rätsel

Bei manchen Mysterys ist noch nicht einmal das eigentliche Rätsel erkennbar. Eventuell wirkt das Listing leer, oder es ist nur ein nichts-sagendes Bild oder ein Link auf eine nichts-sagende Homepage gegeben.

Hier ist die erste Aufgabe die eigentliche Aufgabe überhaupt erst einmal zu finden.

Möglichkeiten wären hier zum Beispiel:

- Ist vielleicht etwas mit weißer Schrift auf weißem Grund ge-schrieben? Markiert einfach den Text der ganzen Webseite (STRG-A) um so etwas zum Vorschein zu bringen
- Versteckt sich vielleicht etwas im HTML Quelltext der Webseite (Je nach Browser: Rechtsklick/Quelltext anzeigen)
- Bei einem Bild: öffnet es mal in einem Bildbearbeitungsprogramm und versucht verschiedene Arten der Bildmanipulation. Eventuell ist etwas sichtbar wenn man die Helligkeit des Bilds ganz hoch oder ganz runter dreht. Es könnte auch sein, dass geheime Infor-mationen in den EXIF-Daten des Bilds versteckt sind. Das sind ein-gebettete Meta-Daten in den zum Beispiel die verwendete Kame-ra und deren Einstellungen stehen. Es gibt diverse Software-Pro-gramme um diese EXIF-Daten sichtbar zu machen. Sucht einfach mal im Internet nach „exif viewer" oder Ähnlichem.

Das Code-Rätsel

Bei dieser Rätsel-Art ist der Hinweis auf die Koordinaten durch irgendeine Art von Code verschlüsselt. Die Schwierigkeit um den Code zu knacken kann je nach Cache enorm variieren (D-Wertung beachten). Bei richtig harten Nüssen, kann es gut mehrere Tage dauern, bis Ihr, wenn überhaupt, den Code entschlüsseln könnt.

Ein paar dieser Codes stelle ich auf den nächsten Seiten vor.

Codes

Alphabet<->Zahlen Umwandlung

Der wohl häufigste und einfachste Code. Dabei werden den Buchstaben des Alphabets einfach Zahlenwerte gemäß ihrer Reihenfolge zugeordnet. Von A=1 bis Z=26

A	B	C	D	E	F	G	H	I	J	K	L	M	N	O	P	Q	R	S	T	U	V	W	X	Y	Z
1	2	3	4	5	6	7	8	9	10	11	12	13	14	15	16	17	18	19	20	21	22	23	24	25	26

Aus GEHEIM wird so 7 5 8 5 9 13

Caesar-Chiffre

Ähnlich wie das bei den Hints benutzte ROT13 ist Caesar auch ein Verschiebe-Chiffre. Nur wird dabei das Alphabet um 3 Buchstaben verschoben und nicht um 13. Aus A wird also D aus B wird E usw. Angeblich soll Kaiser Julius Caesar diese Verschlüsselung für militärische Botschaften benutzt haben.

A	B	C	D	E	F	G	H	I	J	K	L	M	N	O	P	Q	R	S	T	U	V	W	X	Y	Z
D	E	F	G	H	I	J	K	L	M	N	O	P	Q	R	S	T	U	V	W	X	Y	Z	A	B	C

Aus GEHEIM wird so JHKHLP

Freimaurer-Code / Hühnerstall-Code

Beim sogenannten Freimaurer Code werden alle Buchstaben in ein bestimmtes Raster eingefügt. Die Hälfte der Buchstaben ganz normal, die andere Hälfte wird zur Unterscheidung mit einem Punkt markiert. Um diese dann darzustellen, werden jeweils die Striche, und der eventuelle Punkt, die den Buchstaben umgeben gezeichnet.

Manchmal wird der Code auch „Hühnerstall-Code genannt"

Aus GEHEIM wird so

┐ ☐ ⌐ ☐ ⌐ ⌐.

Das Ganze lässt sich auch abwandeln in dem man zum Beispiel nur das erste Raster benutzt und dort die Zahlen 1-9 einträgt.

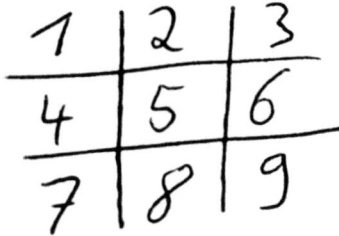

Aus 49 38.332 wird dann:

Polybius-Code

Polybius, ein griechischer Geschichtsschreiber erwähnte einen Code bei dem ein Gitter von je 5x5 Feldern gebildet wird. In diese werden der Reihe nach die Buchstaben des Alphabets eingetragen. Da nur 25 Felder zur Verfügung stehen, wird der Buchstabe J mit I gleichgesetzt. Zur Verschlüsselung eines Buchstabens, wird eine 2-stellige Zahl mit Zeile und Spalte des Buchstabens benutzt.

SHIFT-Sonderzeichen

Hierbei benutzt man die Sonderzeichen die auf der Computertastatur per SHIFT-Taste und den Zahlentasten erreichbar sind.

Aus 49 32.331 wird so $) §".§§!

	1	2	3	4	5
1	A	B	C	D	E
2	F	G	H	I/J	K
3	L	M	N	O	P
4	Q	R	S	T	U
5	V	W	X	Y	Z

Aus GEHEIM wird somit 221523152432

SMS-Code (Telefontastatur)

Beim sogenannten SMS-Code werden die Buchstaben die auf der Tastatur eines Telefons bzw. eines Handys abgebildet genutzt, wie wenn man eine SMS schreiben würde.

1	2 ABC	3 DEF
4 GHI	5 JKL	6 MNO
7 PQRS	8 TUV	9 WXYZ
*	0	#

Für jeden Buchstaben wir die dazugehörige Zahlentaste genutzt. Also für den Buchstaben G benutzt man die 4, für den Buchstaben E muss man 2 mal die 3 drücken, also 33

Aus GEHEIM wird so 43344334446.

Alternativ kann man den Code natürlich auch Rückwärts benutzen um Zahlen zu verschlüsseln. Aus 49 34.334 wird so z.B. GW DG DDG

Morse Alphabet

Das Morse-Alphabet wurde erfunden um Texte über den ersten Schreib-telegraphen zu schicken. Jeder Buchstabe besteht aus einer Abfolge von einem oder mehreren Ton oder Lichtsignalen. In Schriftform werden diese kurzen und langen Signale mit einem Strich oder einem Punkt dargestellt.

A ·−	J ·---	S ···	1 ·----
B -···	K -·-	T -	2 ··---
C -·-·	L ·-··	U ··-	3 ···--
D -··	M --	V ···-	4 ····-
E ·	N -·	W ·--	5 ·····
F ··-·	O ---	X -··-	6 -····
G --·	P ·--·	Y -·--	7 --···
H ····	Q --·-	Z --··	8 ---··
I ··	R ·-·		9 ----·
			O -----

Aus GEHEIM wird so --. . ... --

88

ASCII

ASCII ist der American Standard Code for Information Interchange. Er wird seit Jahrzenten bei der Codierung von Zeichen in der Computerwelt eingesetzt.

Dabei werden Werte von 0 bis 127 verschiedenen Zeichen zugeordnet. Für uns sind vor allem die normalen Buchstaben und Zahlenzeichen zwischen 48 und 126 interessant. Also A-Z, a-z und 1-9 Bei den anderen handelt es sich um spezielle Steuerungszeichen, die nicht sinnvoll bei einer Geheimschrift eingesetzt werden können.

A	ZEI	A	ZEI	A	ZEI	A	ZEI	A	ZEI
48	0	60	<	78	N	96	´	114	r
49	1	61	=	79	O	97	a	115	s
50	2	62	>	80	P	98	b	116	t
51	3	63	?	81	Q	99	c	117	u
52	4	64	@	82	R	100	d	118	?
53	5	65	A	83	S	101	e	119	w
54	6	66	B	84	T	102	f	120	x
55	7	67	C	85	U	103	g	121	y
56	8	68	D	86	V	104	h	122	z
57	9	69	E	87	W	105	i	123	{
58	:	70	F	88	X	106	j	124		
53	5	71	G	89	Y	107	k	125	}
54	6	72	H	90	Z	108	l	126	~
55	7	73	I	91	[	109	m		
56	8	74	J	92	\	110	n		
57	9	75	K	93	]	111	o		
58	:	76	L	94	^	112	p		
59	;	77	M	95	_	113	q		

Aus GEHEIM würde so: 71 69 72 69 73 77

Oft wird dieser Code auch mit binärer oder Hexadezimaler Schreibweise kombiniert.

Periodensystem

Auch das Periodensystem der Elemente kann zum Codieren von Zahlen verwendet werden.

Man kann zum Beispiel die Kürzel der Elemente benutzen und diese dann in die Ordnungszahlen übersetzen.

Aus 49 31.332 wird so zum Beispiel:

In (49) Ga (31) As (33) Li (3) = InGaAsLi

Anagramme

Bei Anagrammen werden einfach die Positionen der Buchstaben eines Worts vermischt. Das ist im Deutschen auch als „Schüttelwort" bekannt

Aus GEHEIM wird so zum Beispiel HEGIEM oder MIEGEH

Im Internet gibt es spezielle Webseiten bei denen man eine Buchstabenfolge eingeben kann und man alle möglichen Varianten ausgerechnet bekommt.

Atbasch

Atbasch stammt aus dem hebräischen. Dabei wird der erste Buchstabe des Alphabets mit dem letzten getauscht, der zweite mit dem vorletzten und so weiter.

A	B	C	D	E	F	G	H	I	J	K	L	M
Z	Y	X	W	V	U	T	S	R	Q	P	O	N

N	O	P	Q	R	S	T	U	V	W	X	Y	Z
M	L	K	J	I	H	G	F	E	D	C	B	A

Aus GEHEIM wird so TVSVRN

Römische Zahlen

Die römischen Zahlen wurden wie Ihr Name schon sagt von den alten Römern benutzt. Der Buchstabe I steht für 1, V für 5, X für 10, L für 50, C für 100, D für 500 und M für 1000.

Dezimal	Römisch
1	I
2	II
3	III
4	IV
5	V
6	VI
7	VII
8	VIII
9	IX
10	X
11	XI
12	XII

Dezimal	Römisch
13	XIII
30	XXX
40	XL
45	XLV
51	LI
61	LXI
99	XCIX
100	C
115	CXV

QR-Codes

QR-Codes (Quick Response Codes) wurden von Toyota zur Markierung von Ware in der Autoherstellung entwickelt. Mittlerweile sind QR-Codes an vielen Stellen des täglichen Lebens zu entdecken. Auf Flyern, auf Eintrittskarten, in der Werbung, und eben auch beim Geocachen. Ähnlich wie bei einem Barcode werden dabei Texte oder Ähnliches in eine schwarz-weiß Grafik codiert. Online findet man viele Generatoren für solche Codes. Am einfachsten entschlüsseln lassen sie sich mit einem Smartphone und der eingebauten Kamera. Es gibt viele Apps, mit deren Hilfe man solche Codes einfach fotografiert bzw. scannt und dann die dahinter verborgene Nachricht angezeigt bekommt.

Aus GEHEIM wird so:

Über den Tellerrand

Andere GPS Spiele...

Andere GPS basierte Spiele

Munzee

Munzee ist dem Geocaching relativ ähnlich. Nur dass es dabei keine Dosen und keine Logbücher gibt. Munzees sind Aufkleber mit QR-Codes die an diversen Punkten aufgeklebt werden, und dort dann mittels einer Smartphone-App abgescannt werden. Auf diese Weise kann man seinen Fund „loggen". Dabei erhält sowohl der Finder als auch der Verstecker des Munzees Punkte.

Waymarking

Waymarking.com wird auch von Groundspeak betrieben und widmet sich einfach dem Registrieren und Finden schöner oder besonderer landschaftlicher Punkte und Sehenswürdigkeiten.

Ingress

Ingress ist ein Location-basiertes Augmented Reality Smartphone-Spiel. Dabei geht es darum mit dem Smartphone durch die echte Welt zu wandern und bestimmte Punkte auf der Google-Landkarte(Portale) durch einen Besuch am geographischen Punkt für seine Fraktion zu erobern.

Dead Drops

Bei Dead Drops handelt es sich um fest installierte USB-Sticks die an verschiedensten Orten angebracht sein können(meist eingemauert oder ähnlich dauerhaft befestigt). Deren GPS-Koordinaten werden dann online veröffentlicht. So können Benutzer dann mit ihrem Laptop diese USB-Sticks besuchen, und verschiedenste Daten austauschen.

Geographing

Bei diesem Projekt wird eine Region in 1-Quadratkilometer große Bereiche aufgeteilt. Aufgabe der Teilnehmer ist dann, für jeden dieser Bereiche ein repräsentatives Foto zu machen und hochzuladen. Durch das erste Hochladen eines Fotos für einen Bereich erhält man Punkte und so weiter.

Bookcrossing

Beim Bookcrossing werden Bücher irgendwo auf der Welt ausgesetzt, wo sie dann von anderen gefunden und gelesen werden können. Danach wird das Buch wieder in die freie Wildbahn entlassen. Die Bücher sind mit einem Code markiert und so kann deren Aufenthaltsort auf www.bookcrossing.com verfolgt werden.

Wenn Euch das Buch gefallen hat, dann würde ich mich über eine positive Rezension sehr freuen.

Gibt es Verbesserungsvorschläge oder Korrekturen die in einer nächsten Auflage berücksichtigt werden sollen? Schreibt mir eine Nachricht unter

dashobbygeocaching@outlook.com